Mosaik bei
GOLDMANN

*Buch*

In den ersten vier Lebensjahren müssen sich Eltern und Kinder aufeinander einspielen und lernen, mit den Anforderungen des Familienlebens zurechtzukommen. Die Eltern sollten ihren Kindern dabei sowohl Selbstvertrauen geben als auch Grenzen aufzeigen. Kerstin Kuschik hilft ihnen in warmherziger, ermutigender Weise, mit den täglichen Problemen und Machtproben fertig zu werden, Regeln einzuüben und die Kinder liebevoll anzuleiten.

*Autorin*

Kerstin Kuschik ist Autorin und Redakteurin mit den Schwerpunkten Familie, Frau und Gesellschaft. Sie ist selbst Mutter von zwei Kindern. Diplom-Psychologin Birgit Werner ist erfahrene Psychotherapeutin und Mutter von vier Kindern.

Kerstin Kuschik

Fachberatung:
Dipl.-Psych. Birgit Werner

# Liebe geben, Grenzen setzen

Die ersten 4 Jahre:
Wie Sie Ihr Kind verstehen
und mit Alltagssituationen
besser umgehen

Mosaik bei
GOLDMANN

Die Ratschläge in diesem Buch sind von den Autorinnen und vom Verlag sorgfältig erwogen und geprüft, dennoch kann keine Garantie übernommen werden. Eine Haftung der Autorinnen bzw. des Verlags und seiner Beauftragten für Personen-, Sach- und Vermögensschäden wird ausgeschlossen.

*Umwelthinweis:*
Alle bedruckten Materialien dieses Taschenbuches
sind chlorfrei und umweltschonend.

1. Auflage
Vollständige, aktualisierte Taschenbuchausgabe April 2005
Wilhelm Goldmann Verlag, München,
ein Unternehmen der Verlagsgruppe Random House GmbH

Dort erschienen unter dem gleichnamigen Titel und der Nummer 2154
Umschlaggestaltung: Design Team München
Umschlagfoto: Corbis/J. Tobias
Redaktion: Sabine Block/Martina Müller
Satz: Barbara Rabus, Sonthofen
Druck: GGP Media GmbH, Pößneck
Verlagsnummer: 16691
Schl · Herstellung: Stefan Hansen
Printed in Germany
ISBN 3-442-16691-8
www.goldmann-verlag.de

# Inhalt

## *Von Aggression bis Zähneputzen*

## *Wenn Sie nicht mehr weiterwissen*



## *Anhang*

# Vorwort

Dieses Buch will Sie in zweierlei Hinsicht in Ihrem Elternalltag unterstützen: Auf der einen Seite gibt es ganz konkrete Tipps für bestimmte Erziehungssituationen. Wichtigster Teil hierfür ist das alphabetische Stichwortverzeichnis. Von Aggressionen über Klammern bis Zähneputzen finden Sie hier Erklärungen, Beispiele und Anregungen zum jeweiligen Thema. Um grundsätzliche Erziehungsfragen, Hintergrundinformationen und die großen Themen der heutigen Erziehung wie »Grenzen setzen« oder »Selbstvertrauen fördern« geht es dagegen in den ersten beiden Teilen. Sie sollen Ihnen zum nötigen Verständnis für Ihr Kind, Ihre Situation oder ein Problem verhelfen. Denn Verständnis ist die beste Voraussetzung dafür, etwas klären zu können. In diesem Zusammenhang sind auch die Fragen zu verstehen, die sich bei manchen Themen an Sie richten. Sie sind als Anregung für Sie gedacht, über eine Situation weiter nachzudenken. Sie zu beantworten wird Ihnen helfen, Ihr eigenes Verhalten besser zu verstehen. Denn dann sind Sie in der Lage, auch eigenständig eine Lösung für Ihr Problem zu finden. Das ist wichtig, weil kein Ratgeber alle nur denkbaren Probleme in Beispielen behandeln kann.

Nichtsdestotrotz werden Sie in diesem Buch viele Beispiele finden, denn es soll so lebensnah und umsetzbar wie möglich sein. An dieser Stelle ein Dankeschön an alle Eltern, die so offen von sich und ihren Kindern berichtet haben. (Die Namen aller Personen wurden geändert).

Gleich zu Anfang möchte ich Ihnen auch meine eigene Einstellung gegenüber uns Eltern und Kindern kurz darlegen, denn sie zieht sich durch das ganze Buch:

- Kinder sind einzigartige kleine Menschen mit sehr vielen Fähigkeiten und dem Recht auf die gleiche Würde, wie wir sie uns zugestehen. Sie sind keine leere Hülle, in die wir erst etwas Anständiges »hineinerziehen« müssen.
- Kinder sind kompromissbereit. Machtkämpfe entstehen nur, wenn wir ihre Persönlichkeit missachten oder aber zulassen, dass sie die unsere missachten dürfen.
- Kinder wissen in vielen Bereichen selbst am besten, was gut für sie ist.
- Unsere Verantwortung besteht darin, unseren Erfahrungsvorteil nicht auszunutzen, ihn aber weiterzugeben, wenn es gewünscht wird. Kinder kommen, um zu gehen.
- Erziehung geschieht miteinander, nicht gegeneinander.

Genug der Weisheiten. Ich möchte Sie schließlich nicht gleich zu Beginn abschrecken. Sie sollen nur wissen, woran Sie sind und was dieses Buch fördern möchte.

Aber auch das beste Buch hat Grenzen. Der vierte Teil, »Wenn Sie nicht mehr weiterwissen«, ist deshalb ein Schwerpunkt geworden. Hier erfahren Sie, wo Sie weitere Unterstützung erhalten können. Im Anhang finden Sie außerdem Hinweise auf vertiefende Literatur und nützliche Adressen.

# *Erziehung heute*

# Erziehung spielt sich an Grenzen ab

Als Eltern haben wir heute den Anspruch, »Partner« unseres Kindes zu sein. Partner, die ihm eine Orientierungshilfe sind und deren Autorität auf Liebe, Sicherheit, Wissen und Vertrauen beruht. Unsere Vorstellung von uns als »Erzieher« hat sich damit in den letzten Jahrzehnten geändert. Wir wollen keine Offiziere sein, die unangreifbar ihre Macht und Autorität über ihre Rekruten ausüben, sondern wir wollen unseren Kindern die gleiche Würde zugestehen wie uns selbst. Nur unser »Mehr an Erfahrung«, nicht das Erwachsensein an sich, ermächtigt und verpflichtet uns, ihnen den Weg zu weisen. Für diese Aufgabe haben wir jedoch wenig Vorbilder. Wir sind zum großen Teil selbst noch mit »Methoden« erzogen worden, denen Gehorsam und Selbstaufgabe zugrunde lagen. Trotzdem oder gerade deshalb kommen heute immer mehr Eltern und Pädagogen zu der Ansicht, dass Erziehung kein einseitiges, von den Eltern in Richtung Kind ausgehendes »Be«handeln mehr sein soll, sondern ein Prozess, der wechselseitig in beiden Richtungen abläuft: Wir erziehen unsere Kinder, und sie erziehen uns. Erziehung ist deshalb zunächst einmal schwieriger geworden. Aber auch spannender.

### *Erziehung und Gesellschaft*

Wir haben nicht nur unsere eigene Geschichte im Gepäck, sondern sind auch den Einflüssen der Gesellschaft ausgesetzt, die uns die Aufgabe, Kinder großzuziehen, mal erschwert, mal erleichtert. Es ist ein Unterschied, ob ein Elternteil allein erziehend ist oder nicht, ob Großeltern die Familie bereichern und entlasten können oder ob sie weit weg wohnen, ob die Familie sich mit finanziellen Sorgen herumplagen muss oder zwei hypothekenfreie Häuser geerbt hat. Erschwerend kommt hinzu, dass in unserer Gesellschaft keine Übereinstimmung mehr darüber besteht, wie Kinder erzogen werden sollten. Auch das verunsichert. Zurzeit gibt es neben den Vorstellungen, die sich in diesem Buch widerspiegeln, auch noch vieles andere: Eltern mit Machtansprüchen, Angst vor Verantwortung bei Eltern und Pädagogen, die Reduzierung des Kindes auf eine »Menschenhülle«, in die erst Sinn und Verstand gefüllt werden müssen, die ältere Generation, die meint, wir gingen zu lasch mit unseren Kindern um, die Jüngeren, die meinen, wir seien noch immer zu streng …

Teile davon tragen auch wir in uns. Wir geraten so immer wieder in einen Zustand der Orientierungslosigkeit. Uns ist klar, dass wir nicht wissen, wo es langgeht. Gerade als Eltern fühlen wir uns dann schlecht, weil wir gleichzeitig Verantwortungsbewusstsein besitzen, was so viel heißt wie: Wir erwarten von uns, dass wir immer wissen, wo es langgeht. Diese Diskrepanz ist typisch für Umbruchsituationen wie die, in der wir uns gerade befinden. Sie ist aber lebbar und schadet weder uns noch unseren Kindern. Es kann nichts Grundsätzliches falsch daran sein, wenn wir uns gemeinsam mit unseren Kindern auf den Weg zu einem menschlicheren Miteinander machen! Und wir dürfen es uns leisten zuzugeben, dass wir gerade nicht weiterwissen und Zeit zum Nachdenken brauchen.

### *Kinder haben eine ganz eigene Wahrnehmung*

Kinder bewerten die Dinge anders als wir Erwachsenen. Sie brauchen unsere Unterstützung dabei, einerseits in ihrer Welt leben zu dürfen und andererseits in unsere hineinzuwachsen. Diese Unterstützung macht heute Erziehung aus.

Kinder sind abhängig von uns. Sie brauchen unsere Liebe und unser Verständnis. Diese Abhängigkeit nicht zu missbrauchen, sondern die Kinder, eingebettet in emotionale Sicherheit, langsam auf unabhängige Wege zu führen – auch das ist Erziehung.

## Leben mit Kindern – Bereicherung und Herausforderung

### *Erfüllung und Geborgenheit*

»Seit Klara da ist, habe ich das Gefühl, endlich komplett zu sein und einen Sinn in dieser Welt zu haben. Ich werde gebraucht, und ich habe eine Aufgabe. Eine wichtige und wertvolle Aufgabe, nämlich dieses Kind und eventuell seine Geschwister zu selbstständigen, zufriedenen Menschen großzuziehen. Auch die Bindung an Thomas ist stärker geworden. Ich habe viel mehr das Gefühl, dass wir zusammengehören, aber auch zusammenhalten müssen, damit es unserem Kind gut geht. Das alles ist zurzeit das Zentrum meines Lebens, und ich kann mir nichts Schöneres vorstellen.«

So kann es sein. Zumindest zeitweise. Selbst viele von den Eltern mit ungeplantem Nachwuchs empfinden ihre Kinder als Bereicherung. Durch Kinder wird das Leben intensiver, die Nähe zu ihnen wird ganz anders erlebt als zu Erwachsenen, mehr auf die

Person ausgerichtet als auf bestimmte Erwartungen. Viele Eltern berichten, dass sie mit der Verantwortung, die sie für ihre Kinder übernommen haben, auch als Person gewachsen sind. Die Grundhaltung dem Leben und seinem Sinn gegenüber wird durch Kinder eher gefestigt und positiver. Und auch die Bereitschaft, sich zu ändern oder andere Maßstäbe für sein Leben gelten zu lassen, wächst bei vielen Menschen, wenn sie Eltern werden. Eine Mutter mit drei Kindern zwischen 10 und 16 meint: »Bevor ich meine Kinder bekam, dachte ich, ich sei ein toleranter Mensch. Doch erst jetzt weiß ich, was Toleranz wirklich bedeutet und wie schwer es ist, tolerant zu sein. Aber ich weiß auch, was es einem gibt, wenn man andere sein lassen kann, wie sie sind. Nämlich denselben Freiraum. Das kommt prompt zurück. Durch die Kinder konnte ich das lernen, denen konnte ich mich nicht entziehen, noch viel weniger als meinem Partner.«

### *Überlastung*

»Nach der Geburt von Max ging es noch. Ich dachte, nur ein Kind schaffst du, es ist grade mal das halbe Jahr Stillzeit, das ich ganz zu Hause bin, dann kann ich wieder arbeiten gehen. Aber das halbe Jahr wollte nicht vergehen. Ich lebte wie in Watte, bekam fast nichts auf die Reihe und hatte wegen der fehlenden Muttergefühle pausenlos ein schlechtes Gewissen. Max, meinem Freund und mir gegenüber. Zum Glück überredete mich meine Frauenärztin zu einer Therapie. Dadurch und weil mein Freund sein Studium abbrach und den ›Mutterjob‹ übernahm, kam ich wieder ins Lot.«

Überlastungen haben viele Gesichter: Von der Postnatalen Depression über chronische Rückenschmerzen bis hin zur Misshandlung der Kinder. Jede Familie kennt Phasen, die von Überlastung gezeichnet sind. Zahlreiche schlaflose Nächte, Krankheiten, Arbeitslosigkeit, alleinige Verantwortung oder die Unfähigkeit, Verantwortung abzugeben, sind einige Gründe dafür. Wenn sie von den Eltern erkannt und unter der Rubrik Herausforderung verbucht werden, können sie mit der Zeit beseitigt werden. Doch die Zahl derer, die nicht allein mit ihrer Situation zurechtkommen, wächst. Das liegt daran, dass immer häufiger gleich mehrere Ursachen wie Arbeitslosigkeit und Trennung zusammenkommen. Gleichzeitig wachsen die Anforderungen an ein »funktionstüchtiges Gesellschaftsmitglied« ständig: Mindestens ein guter Realschulabschluss, soziale Kompetenz, Flexibilität, Selbstsicherheit, die Fähigkeit zur Integration und globale Offenheit sind nur einige der Werte, die heute zählen. Werte, denen von uns Eltern wie vom Staat große Bedeutung beigemessen wird, die aber nicht von beiden Interessensparteien gleichermaßen gefördert werden. Die Bildungs- und Familienressorts sind noch immer Stiefkinder der Politik; die Zahl der Kinder, die von Sozialhilfe leben, steigt. Diese besondere Verquickung privater und gesellschaftlicher Probleme zeigt sich in den Überlastungen heutiger Familien.

### *Umstellung*

»Ich bin einer der Männer, die schon immer Kinder wollten. Ich habe auch alles an Vorbereitung mitgemacht, was heutzutage so ansteht, und mich auf unseren Sohn gefreut. Aber nach der Geburt war alles anders als geplant. Ich war wenig gefragt, bin nachts immer seltener aufgestanden und kam mir ziemlich überflüssig vor. Meine Frau war mir gegenüber müde und brummig, dem Baby gegenüber aber immer nachsichtig. Da wurde ich sauer und habe mich zurückgezogen. Wir hatten eine Zeit lang ständig Streit. Erst jetzt, wo Johannes 1½ ist, wird das besser. Ich finde, meine Frau hat ganz schön geklammert. Sie findet das ganz normal. Jetzt haben wir mehr Zeit als Paar, und ich mache mehr mit Johannes. Ich habe das Gefühl, wir werden erst jetzt eine Familie.«

Auch die Umstellung vom Paar zur Familie ist ein Prozess, den jede Familie mehr oder weniger kennt. Selbst wer sich im Voraus sehr viele Gedanken gemacht und über seine Vorstellungen ausgetauscht hat, kann durch die Geburt eines Babys aus dem Gleichgewicht gebracht werden. Es lässt sich vorher eben nur schwer erfühlen, wie es ist, wenn die Mutter das erste Fieber ihres Babys mit erleidet, der Vater gleichzeitig auf einer Fortbildung ist und die Oma einen mit ihren Ratschlägen mehr durcheinander bringt als Hilfe leistet. Vorwurfshaltungen und Gefühle von Hilflosigkeit wechseln sich ab. Wer ist wann für was zuständig, und kann er/sie das überhaupt? Wer hat welchen Platz in der Familie? Meist stellt sich erst mit der Klärung dieser Fragen das ersehnte Familiengefühl ein. So etwas braucht Zeit und viele Gespräche.

### *… Eltern sein dagegen sehr*

»Ich liebe meine Kinder, möchte sie auch nicht missen, wir wollten sie auch beide, aber wenn ich gewusst hätte, wie sehr sie mein Leben umkrempeln … ich hätte vielleicht gewartet, mir mehr Gedanken gemacht oder nur eins bekommen oder einen größeren Abstand geplant … Wir waren ein Jahr zusammen, da kam unser erstes Wunschkind Sonja.

André war aber eher enttäuscht, weil wir nicht so wegkonnten und uns meistens nach Sonja richten mussten. Mir fiel das auch schwer, aber André sah es gar nicht ein. Als sie größer wurde, ging es zwar besser, aber da kam Tobi und schrie drei Monate am Stück … André war das zu viel, und jetzt bin ich seit einem Jahr allein mit den Kindern. Ich habe mir das alles ganz anders vorgestellt. Wenn meine Mutter nicht wäre, würde ich durchdrehen.«

Auch wenn Sie schon lange ein Paar waren und gut vorbereitet Mutter oder Vater werden, gibt es genügend Situationen, die Ihre ganze Flexibilität erfordern und Ihre Lernfähigkeit auf die Probe stellen. Niemand wird als Mutter oder Vater geboren, auch das will gelernt sein. Sie werden es leichter haben, wenn Sie ein gutes Gefühl zu Ihrer Kindheit haben, wenn Sie sich noch erinnern, wie Ihre Eltern mit Ihnen umgegangen sind und Sie das auch zum Großteil für richtig halten. Tragen Sie als Hauptmotiv Ihres Handelns aber den Satz »Nur nicht wie meine Eltern« in sich, wird es Ihnen schwerer fallen, Entscheidungen zu treffen und durchzuhalten. Sie müssen erst herausfinden, wie Sie zu einzelnen Situationen stehen. Das geht nur durch Erfahrung. Probieren Sie aus, stehen Sie zu Ihren Gefühlen und Beobachtungen, und lassen Sie sich nicht unter Druck setzen, gleich alles richtig machen zu müssen. Überprüfen Sie die Regeln, nach denen Sie handeln. Sind es Ihre Regeln oder die der Eltern? Haben Sie Angst, Ihre Eltern zu verletzen, wenn Sie etwas anders machen? Wie stehen Sie zu sich selbst, und was tun Sie für sich? Mit welchem Selbstbewusstsein verlangen Sie von Ihrem Partner seinen Teil der Verantwortung?

## Was Kinder brauchen

Kinder brauchen eine ganze Menge: Liebe, Anerkennung, Zuwendung, Sicherheit, Freunde, Zeit, Freiräume, Verständnis … Die Liste ließe sich fortsetzen. Sie brauchen aber nicht alles auf einmal, und sie brauchen auf keinen Fall Eltern, die dauernd unter dem Druck stehen, ihren Kindern »etwas bieten« zu müssen. Denn wenn für die Entwicklung eines Kindes auch vieles wichtig ist: Sie können ihnen nur das geben, was Sie haben! Und in der Regel reicht das auch. Manche Eltern sind allerdings verunsichert, weil sie das, was sie haben, zu gering schätzen. Stattdessen bemühen sie sich, ihrer Vorstellung davon, was sie als wichtig für ihr Kind betrachten, nachzukommen. Sie finden vielleicht, dass schon Ihr kleines Kind ein schönes Umfeld mit vielen anregenden Spielsachen, besondere Förderung im Tanzen oder Fußball und einen zweiten Schneeanzug zum Wechseln braucht. Dagegen ist an sich auch nichts zu sagen. Nur: Ein Kind braucht diese eher materiellen Dinge nicht. Wir Eltern sind es vielmehr, die sich wohl fühlen, wenn wir unseren Kindern so etwas bieten können. Unsere Kinder bauen genauso gern mit uns Burgen aus Korken, Ästen und Sand. Am meisten brauchen sie nämlich unsere Zuwendung, die Anerkennung ihrer Person, Freiräume und Kontakt zu anderen Kindern. Wenn wir ihnen davon so viel geben, wie wir können, oder – falls wir das für zu wenig halten – dafür sorgen, dass wir ihnen mehr davon geben können, dann haben sie eine starke Basis für ihr späteres Leben. Der Vorteil dieser »Werte« besteht darin, dass sie jeder von uns in sich trägt, egal ob er arbeitet oder nicht, ob er reich oder arm ist. Zeit und Geld vereinfachen zwar die Umstände, sind aber keine Voraussetzungen dafür, unseren Kindern Zuwendung oder viel »Spiel«raum geben zu können. Letztendlich verkraften Kinder materielle Mängel besser als emotionale und soziale.

### *Liebe und Zuwendung*

»Schön und gut, Kinder brauchen Liebe, das weiß jeder, aber dafür kann man sich nichts zu essen kaufen oder auf eine Freizeit fahren. Und meine Tochter hat wenig von meiner Liebe, wenn ich den ganzen Tag auf dem Bau bin. Aber von dem Geld hat sie was. Sie kann studieren, wenn sie unbedingt will … Gut, ich lese ihr abends manchmal vor und mache sie fürs Bett fertig, aber spürt sie da Liebe, und ist das genug?«

Die Zweifel des Vaters sind typisch für Eltern, die nur wenig Zeit mit ihren Kindern verbringen können. In den wenigen Stunden am Morgen oder Abend ist es schwer, Nähe aufzubauen und zu erhalten. Aber es ist nicht unmöglich. Wenn Sie sich fragen, ob Ihr Kind Ihre Liebe spürt, vergewissern Sie sich zunächst, ob Sie die Liebe zu Ihrem Kind in sich spüren. Dann wird auch Ihr Kind sie wahrnehmen. Ihrem Kind tut es aber in jedem Fall gut, wenn Sie Ihre Gefühle ansprechen oder zeigen. Nehmen Sie Ihre Kinder in den Arm, und sagen Sie: »Was bin ich froh, dass ich dich habe … Ich hab dich so lieb, bis zum Himmel und zurück … Na, du tolle Tochter, komm mal her …« und was Ihnen sonst noch so einfällt. Wie fühlen Sie sich, wenn man Ihnen Zuwendung schenkt? Eingeengt? Leicht und geborgen? Doch welche Erfahrung Sie auch immer damit haben, Ihr Kind wird sich anerkannt und geborgen fühlen. Wenn Sie sich unsicher fühlen, ob Sie Ihr Kind überhaupt »richtig« lieben, ziehen Sie sich nicht voller

Scham zurück! Dieses Gefühl kennen mehr Eltern – auch Mütter –, als es den Anschein hat. Meist fehlt ihnen nur der Zugang zu ihrer Liebe. Suchen Sie das Gespräch in einer Familienberatungsstelle. (Siehe »Anhang«, S. 151.)

### *Zeit*

»Es gibt Tage, da habe ich das Gefühl, alles ist zu kurz gekommen. Tim, Sophie, der Haushalt, die Einkäufe, mein Mann, ich und, ja, auch der Hund. Dabei gehe ich noch nicht einmal arbeiten! Und leider habe ich auch den Eindruck, dass diese Tage immer mehr werden. Manchmal mache ich dann Kinderspieltage, aber ehrlich gesagt, so lang am Stück mit den Kindern zu spielen ist mir zu langweilig.«

Jede noch so gut organisierte Mutter wird sich verzetteln, wenn sie nicht Prioritäten setzt. Fühlen Sie sich in erster Linie als Mutter oder als Hausfrau? Als Mutter sollten Sie die Hemden liegen lassen (Ihr Mann könnte sie während der Sportschau bügeln …), putzen Sie nur einmal die Woche die Böden, machen Sie nur einen Großeinkauf und zwei kleinere, die Sie eher als Spaziergang mit den Kindern gestalten. (Nicht hetzen, am Spielplatz Halt machen, die Kinder den Wagen füllen lassen …) Sie können bei vielen Tätigkeiten die Kinder mitmachen lassen, sie müssen nicht Duplo oder einkaufen spielen. Auch Spülmaschine ausräumen kann eine gemeinsame Aktion sein oder als Spiel aufgefasst werden. Sie sind dann auch geduldiger und nehmen das Mehr an Zeitaufwand in Kauf, weil es ja hauptsächlich um die Gemeinsamkeit geht. Selbst wenn Sie sich eher als Hausfrau fühlen, wird Ihnen das helfen. Nach einiger Zeit wird Ihr Kind sich wieder allein beschäftigen wollen, und Sie können Ihr eigenes Tempo vorlegen. Mit älteren Kindern kann man sich bei solchen Routinearbeiten auch prima vom Tag erzählen. Das schafft Nähe und die Arbeit vom Hals. Das werden berufstätige Mütter zu schätzen wissen. Fällt es Ihnen grundsätzlich schwer, Prioritäten zu setzen, weil Sie vom gebügelten T-Shirt über die Fitnessgruppe bis zu stundenlangen Spielzeiten alles haben wollen, sollten Sie einmal darüber nachdenken, warum bei Ihnen alles so perfekt sein muss.

### *Freiräume*

Je größer ein Kind wird, umso mehr innere wie äußere Freiräume braucht es. Es braucht diese Freiräume für seine Fantasie, emotionale Entwicklung, für sein Spiel, für seine Freunde, kurz, für seine Welt. Und die unterscheidet sich von unserer gut strukturierten, durchorganisierten, zukunftsorientierten und begründeten Erwachsenenwelt. Kinder leben stark im Hier und Jetzt. Sie brauchen – je nach Typ mehr oder weniger – innere Freiräume und Eigenzeit, um Erlebtes zu verarbeiten, um sich zu erholen, abzureagieren oder auch, um Gefühlen Raum zu geben. Je mehr Freiräume ein Kind bekommt, umso besser kann es sich in einen geplanten Alltag einpassen.

- Organisieren Sie nicht zu viele Aktivitäten für Ihr Kind. Räumen Sie ihm eher viel Zeit zum freien Spiel ein.
- Versuchen Sie nicht, zum Animateur Ihres Kindes zu werden. Wenn es ruhig auf seiner Decke liegt oder spielt, lassen Sie ihm diese Zeit. Wenn es Anregung braucht, wird es auf sich aufmerksam machen.
- Im Spiel – allein und in der Gruppe – lernt ein Kind im Grunde alles, was es für seine geistige, körperliche, seelische und soziale Entwicklung braucht. Spezielle Förderungen heben Sie

sich für später auf. Am besten warten Sie, bis Sie ein wirkliches Bedürfnis des Kindes spüren. Achten Sie auch darauf, dass die Förderung nicht zur Überforderung wird. Außerdem: Je mehr Aktivitäten ein Kind erlebt, desto mehr Zeit braucht es, um sie zu verarbeiten.

## Was Kinder haben

Die Ansicht, dass Neugeborene wie leere Gefäße sind, die erst mit allem gefüllt werden müssen, was das Menschsein ausmacht, ist längst überholt. Auch die Theorie, nach der Erziehung als Kampf gegen unzivilisierte und egozentrische Anteile im Kind verstanden wird, gehört zum Glück schon (fast) der Vergangenheit an. Forschungsergebnisse aus mehreren Bereichen bescheinigen Säuglingen und selbst schon Ungeborenen vielfältige Fähigkeiten auf allen Ebenen: Geistig, seelisch, körperlich sowie im sozialen Zusammenspiel zeigen schon die kleinsten Kinder Verhaltensweisen, die deutlich über reflexartige Automatismen hinausgehen. Gesunde Kinder können immer alles, was sie – gemessen an ihrem jeweiligen Entwicklungsstand – brauchen.

### *Flexibilität und Anpassungsfähigkeit*

Das bedeutet auch, dass Kinder auf all diesen Ebenen und ihrem Entwicklungsstand gemäß »belastbar« sind. Ein Kind kann eine fiebrige Infektion ohne Hilfe überstehen (das heißt nicht, dass es das muss!), und es kann Frustrationen und Ängste ertragen. Kinder sind also flexibel und anpassungsfähig. Sie besitzen damit zwei lebensnotwendige Eigenschaften, die den besten Boden bilden, um viel Neues aufnehmen und wachsen zu können. Und sie geben den Kindern Raum für Experimente und Fehler. Auf diese Weise können sie ihre eigenen (Lern-)Erfahrungen machen.

Beide Eigenschaften, die Flexibilität und die Anpassungsfähigkeit unserer Kinder, entlasten außerdem uns Eltern, wenn wir uns ihnen gegenüber falsch verhalten haben. Hierin (und in der Fähigkeit, verzeihen zu können) liegen die Chancen von »Heilung«.

Aber gerade diese Eigenschaften und dazu die Abhängigkeit von uns Erwachsenen machen Kinder verletzbar in Bezug auf alle möglichen Erziehungsmethoden oder auch Missbräuche und fordern einmal mehr unser Verantwortungsbewusstsein heraus.

### *Liebe*

Kinder wollen nicht nur geliebt werden, sie haben auch Liebe zu geben. Und wenn wir die Liebe unserer Kinder annehmen, bedeutet das auch, dass wir sie als Personen annehmen. So können wir nicht nur durch unsere Bereitschaft, Liebe zu geben, sondern auch durch unser Annehmen die Entwicklung unserer Kinder zu selbstbewussten Persönlichkeiten fördern.

Da die Liebe die zentrale, treibende Kraft des Lebens ist, bildet sie auch den Dreh- und Angelpunkt einer stabilen Beziehung zwischen Eltern und Kindern (siehe Beispiel S. 25).

### *Entscheidungsfähigkeit*

Schon die kleinsten Kinder haben die Fähigkeit, in ihrem persönlichen Bereich die richtigen Entscheidungen zu treffen. Das

**BEISPIEL**

Torben bastelt und malt eine Menge, seit er im Kindergarten ist. Er bringt seine Werke immer mit nach Hause und schenkt sie seiner Mutter. Sie begutachtet sie und sagt Torben, was er besser machen soll. Sie verhält sich so, weil sie ihm helfen möchte weiterzukommen. Sie hat selbst als Kind solche Rückmeldungen vermisst. Nach einiger Zeit bringt Torben nichts mehr mit. Er erzählt auch nichts mehr vom Kindergarten, und schließlich möchte er nicht mehr hin. Nach zwei Gesprächen mit der Erzieherin und einem mit ihrem Sohn klärt sich Torbens Verhalten zum Glück auf: Er hatte gar nicht im Sinn, etwas Konkretes zu tun und von seiner Mutter seines Könnens wegen gelobt oder kritisiert zu werden. Das erklärt auch, warum seine gebastelten Sachen nie etwas darstellen sollten. Die Mutter verwirrte das, sie meinte, ihr Sohn könne nicht richtig basteln. Er aber wollte ihr nur zeigen, dass er sie lieb hat und den Vormittag über vermisst hat. Mit den Geschenken wollte er die Nähe wiederherstellen und seine Erlebnisse teilen. Als seine Mutter das weder verstand noch annahm, fing er an zu blockieren. Torbens Verhalten hörte sofort auf, nachdem die Mutter Verständnis zeigte und ihm erklärte, dass sie seine Geschenke (Liebe) vermisse und gern wiederhaben wolle.

heißt, sie können erkennen, wie sie sich fühlen, sie wissen, wozu sie Lust haben, und sie haben Möglichkeiten, uns das zu zeigen oder selbst dafür zu sorgen, es zu bekommen. Die persönlichen Bereiche der Kinder umfassen Folgendes:

- *Die Sinne:* Ob etwas schmeckt, kratzt, zu laut ist, wehtut, ob die Hose ihm besonders gut gefällt oder eben nicht …
- *Die Gefühle:* Ist es traurig, zornig oder frustriert? Fühlt es sich verletzt oder missverstanden? Mag es das andere Kind?
- *Die Bedürfnisse:* Ob es Hunger hat, müde ist, schmusen möchte, nicht angefasst werden möchte, ob etwas Spaß macht …

Grundsätzlich gilt: Die Eltern können ihren Kindern die Entscheidung in persönlichen Dingen überlassen. Schon Säuglinge wissen, wann sie satt, müde oder an einem Spielzeug interessiert sind. Es gibt nur zwei Einschränkungen, die unser Eingreifen notwendig machen oder rechtfertigen:

- Kinder wissen oft, aber nicht immer, was sie brauchen (z. B. einen Arztbesuch, eine dicke Jacke bei 0 °C …).
- Unser persönlicher Bereich wird zu sehr betroffen (z. B. wenn ihre Lust daran, mit dem Brei zu spielen, unser Bedürfnis nach einer weißen Tapete beeinträchtigt).

Außerdem sind die Kinder auf unsere Fähigkeit angewiesen, ihre »Sprache« zu verstehen, in der sie uns ihre Bedürfnisse, Grenzen und Gefühlszustände mitteilen. Das ist nicht immer einfach, denn gerade bei kleinen Kindern besteht die Sprache selten aus Worten, sondern aus Gesten und Verhaltensweisen. Uns bleibt nichts anderes übrig, als uns immer wieder zu fragen, was unser Kind uns sagen will. Kinder tun nichts aus Willkür: Sie wollen entweder ein Bedürfnis befriedigen oder uns etwas mitteilen.

# *Umgang mit Kindern*

# Jedes Kind ist anders

### *Eigene Erwartungen*

Alle Eltern haben bewusste und unbewusste Erwartungen an ihre Kinder. Manche möchten lieber ein Mädchen, manche Frauen sagen, sie seien eine typische Bubenmutter. Meist sind diese Vorlieben von schlechtem Gewissen begleitet. Nur hilft das nichts. Die Vorlieben bleiben, wenn ihnen nicht auf den Grund gegangen wird. Es kann aber auch sein, dass Vorlieben auf Vorurteilen beruhen, die dann vom Kind selbst widerlegt werden. Der gefürchtete Junge ist gar nicht so ein schreiendes, unverschämtes Etwas, als das der eigene kleine Bruder damals empfunden wurde. Er ist im Gegenteil ein süßer Fratz, der seiner Mutter alle Liebe entlocken kann, die sie nur aufbringen kann.

Vorlieben machen allerdings nicht beim Geschlecht Halt. Die eine wollte unbedingt, dass das Kind dem Vater ähnlich sieht, und das blonde Mädchen, das sie bekam, muss sich sein Leben lang anhören, dass es »leider« die Spaghettihaare der Mutter geerbt hat statt der dunklen Locken des Vaters. Der andere freut sich auf einen Nachfolger für das Geschäft (das gibt es auch heute noch!).

Die meisten Eltern möchten, dass ihr Kind es »besser« hat als sie. Ein wichtiger Vorsatz, damit sich »Fehler« nicht wiederholen. Aber es passiert leicht, dass wir uns zu sehr an unserer eigenen Geschichte orientieren statt an den Bedürfnissen unseres Kindes. Vielleicht ist beispielsweise die Ausschließlichkeit, mit der sich eine Mutter um ihr Kind kümmert, gar nicht so besonders wichtig? Vielleicht wäre es besser, ihm eine Mini-Gruppe zu gönnen, es einmal die Woche bei der Oma zu lassen und abends einmal einen Babysitter zu organisieren? Was Sie als Kind gebraucht haben, kann, muss aber nicht genauso wichtig für Ihr Kind sein.

### *Erwartungen von außen*

Damit werden schon werdende Eltern konfrontiert. Das so genannte Normkind, das der ärztlichen Vorsorge während der Schwangerschaft und der Hauptuntersuchungen immer wieder als Maßstab dient, oder auch die Spielplatzgespräche stiften so manche Unruhe. Ist mein Kind zu groß … Ist seine Entwicklung zu langsam … Sollte es nicht schon Zähnchen haben … Sitzt es zu früh … sind die Fragen, um die man nicht herumzukommen scheint. Einerseits ist es zwar gut, durch den Vergleich mit Durchschnittswerten eventuelle Fehlentwicklungen frühzeitig erkennen zu können, andererseits lassen sich viele Eltern dadurch von der ganz eigenen Persönlichkeit ihres Kindes und der ebenfalls individuellen Familiengeschichte ablenken. Es ist schwer, gerade beim ersten Kind, den Mittelweg zu finden.

Überprüfen Sie den Eindruck, den Sie von Ihrem Kind haben, und trauen Sie ihm.

Sie können so besser mit Nachdruck eine ärztliche Maßnahme fordern oder ablehnen oder auch eine negative Meinung über Ihr Kind stehen lassen, ohne sich allzu sehr bedroht zu fühlen. Wenn Sie zum Beispiel sicher sind, dass Sensibilität zum Wesen Ihres Kindes gehört, verstehen Sie auch, warum es sich leicht durch andere verunsichern lässt oder schnell weint. Sie können dann anderen und sogar Ihrem Partner viel selbstbewusster gegenübertreten, wenn mal wieder behauptet wird, »das Kind hätte zu wenig Mumm in den Knochen«.

### *Wir sind so verschieden!*

Wenn sich die Befürchtung einer »Bubenmutter«, Mädchen seien wenig belastbare, anhängliche Geschöpfe, in ihrer Tochter bestätigt, kann es zu Problemen kommen. Ebenso schwierig kann es sein, wenn die Persönlichkeiten von Mutter und Kind sehr unterschiedlich sind. Missverständnisse und Distanzgefühle stehen dann im Vordergrund. Aggressionen wechseln sich mit Anfällen von schlechtem Gewissen ab. Wenn Sie das Anderssein Ihres Kindes kaum mit positiven Gefühlen betrachten können oder wenn die Enttäuschung darüber im Vordergrund steht, dass Ihr Kind aber auch gar nichts von Ihnen hat, dann ist es am besten, Sie vertrauen sich einer »neutralen« dritten Person an, die Sie zum Beispiel in einer Familienberatungsstelle finden.

**▶ WICHTIG**

Mit Ihrer Verzweiflung oder Scham darüber, dass Sie mit Ihrem Kind nicht zurechtkommen, sollten Sie nicht allein bleiben. Das bringt beide nicht weiter. Sie müssen nicht ein Leben lang unter Ihrer Verschiedenheit leiden. Und es ist keine Schande, damit überfordert zu sein. In einer Beratung lässt sich vieles klären. Sie werden nicht verurteilt. Sie bekommen vielmehr die Chance, die Ursachen Ihrer Probleme zu erkennen, und damit können Sie sie lösen. So können Sie durch Ihre Verschiedenheit gewinnen.

### *Das vorsichtige Kind*

»Nikolas ist so ängstlich. Überall, wo wir hinkommen, steht er stundenlang bei mir oder will auf den Schoß. Bis er sich einmal traut, auf die anderen Kinder zuzugehen, müssen wir wieder gehen. Ich weiß gar nicht, ob ihm die Kindergruppe Spaß macht. Und ich wundere mich, dass er immer wieder auf den Spielplatz will, wo er doch nur zuschaut. Er kann doch nicht sein Leben lang zuschauen!«

Nikolas gehört wahrscheinlich weniger zu den ängstlichen als zu den vorsichtigen, zurückhaltenden oder bedächtigen Kindern, wie auch immer Sie diese Charaktereigenschaft nennen wollen. Er gehört damit zu den Menschen, die sich Zeit nehmen, eine Situation kennen zu lernen, bevor sie sich hineinbegeben. Das kann sein ganzes Leben so bleiben, es kann sich aber auch in den ersten Lebensjahren ändern. Manche Kinder werden offensiver, wenn sie gut sprechen können. Sie brauchen die Sicherheit der Verständigung. Manche Kinder brauchen die Abwesenheit der Mutter, um selbst in Aktion zu treten. (Wenn das bei Ihrem Kind so ist: Sind Sie selbst ein sehr vorsichtiger oder gar ängstlicher Mensch? Trauen Sie Ihrem Kind vieles zu? Haben Sie eine bestimmte – bis jetzt noch unbewusste – Erwartung an Ihr Kind?)

Ängstliche Kinder verhalten sich anders. Wäre Nikolas ängstlich, würde er schreien oder weinen, wenn es zur Spielgruppe geht. Er würde sich vielleicht die Ohren zuhalten, weil es ihm zu laut ist, oder nicht zum Spielplatz wollen. Nikolas beobachtet aber intensiv das Geschehen, er zeigt also Interesse daran. Ängstliche Kinder haben nur ein Interesse: so schnell wie möglich weg. Das vorsichtige Kind jedoch braucht nur Zeit, um seinen Platz in der Gruppe zu finden. Es schaut: Was machen die anderen Kinder? Wie fühlen sie sich dabei? Wie spielen sie? Wer ist stark? Vor wem habe ich Angst? Wem gehört was? Was machen die Mütter, wenn ein Kind weint … und vieles mehr. Das Zuschauen, das Sich-Fühlen in einer Situation ist eine komplexe Wahrnehmungs»aktion« und steht gleichwertig neben anderen Verhaltensweisen. Solche Kinder haben ihre Stärken eher in der Genauigkeit oder in der Gelassenheit, sie können gut vorausschauen und kennen viele Details.

- Unterstützen Sie Ihr Kind in seinen Stärken.
- Lassen Sie ihm Zeit. Wenn Sie ein bestimmtes Verhalten erwarten, erzeugt dieser Druck nur noch mehr Zurückhaltung.

> **WICHTIG**
>
> Überlegen Sie sich, warum ein offenes und spontanes Kind für Sie so wichtig ist. Kann es sein, dass Sie selbst dann sicherer sind, alles richtig gemacht zu haben? Gibt es andere Gründe?

### *Das agile Kind*

»Bis zu Lisas Geburt hatten wir ein eher ruhiges Familienleben. Die beiden Jungen waren ganz ›normale‹ Kinder, obwohl ich da eher mit Lausbuben gerechnet hatte. Aber Lisa war von Anfang an unglaublich wach und aktiv. Schon wie sie getrunken hat: In fünf Minuten war die Brust leer. Als sie krabbelte, war nichts mehr sicher, und mit dem Laufen wurde es noch schlimmer. Wenn sie kreischt, dann superlaut, wenn sie weint, dann herzzerreißend, und wenn sie sauer ist, tobt sie auf 180. Sie ist auch immer in Bewegung. Alles ist wie im Turbo-Gang, und die Großen kommen zu kurz. Langsam bin ich am Verzweifeln.«

Ein so lebhaftes Kind ist für jede Mutter eine Herausforderung, erst recht, wenn sie noch weitere Kinder hat. Auch wenn die Mutter eher ein ruhiges Wesen hat, kann es Schwierigkeiten geben. Aber bevor Sie verzweifeln, versuchen Sie Folgendes:

- Gehen Sie sicher, dass Ihr Kind genug Zuwendung bekommt.
- Richten Sie das Zimmer des Kindes und wenn möglich das gemeinsame Ess-/Wohnzimmer so ein, dass Platz zum Toben ist, das Kind sich nicht sehr wehtun kann, wenig kaputtgehen kann … Das wird wahrscheinlich – die ersten Jahre – über das normale Maß an kindgerechter Einrichtung hinausgehen (strapazierfähige, springerprobte, gebrauchte? Couchgarnitur etc).
- Schaffen Sie aber andererseits Bereiche, die für den Wildfang tabu sind: die Stereoanlage, bestimmte Spielzeugkisten für die Geschwister, in die sie ihr Lieblingsspielzeug retten können …
- Geben Sie Ihrem Kind genug Möglichkeiten, sich körperlich auszutoben. Jeden Tag eine Stunde rausgehen (mit wem auch immer! Freunde, geprüfter Babysitter …), so früh wie möglich in den Sportverein (Turnen, Ballspiele …).
- Sorgen Sie für ruhige Phasen, mittags und vorm Schlafengehen. Neben den üblichen ruhigen Aktionen wie vorlesen, Musik hören oder malen gibt es mittlerweile viele Bücher und Kassetten mit Entspannungsübungen für Kinder jeden Alters. Sie machen allerdings nur dann Sinn, wenn Ihr Kind vorher auch genug toben konnte! Suchen Sie die für Ihr Kind am besten passenden Geschichten oder Lieder aus!
- Setzen Sie gerade Ihrem lebhaften Kind bewusst Grenzen (sie-

he S. 38ff.). Vor lauter Hoffnung auf fünf Minuten Ruhe geben hier die Eltern oft genug nach und sind auf diese Weise beteiligt am Heranwachsen eines kleinen Haustyrannen. Ein lebhaftes Kind, das wenige Pausen zu brauchen scheint, ist sehr anstrengend. Wenn Sie nicht dauergenervt sein wollen und auch Ihren anderen Kindern noch gerecht werden wollen, brauchen Sie hier feste und klare Grenzen.

Um diese Anstrengungen kommen Sie nicht herum! Je früher Sie sich das klar machen, umso besser kommen Sie zurecht. Ein aktives Kind ist eines, das mehr Raum braucht als andere, das heißt aber nicht, dass es ohne Grenzen auskommen kann. Feste Grenzen und klare Konsequenzen sind gerade deshalb so wichtig, weil Sie Ihrem Kind damit ein sicheres Gefühl für den ihm zugestandenen Raum vermitteln. Nur so entsteht der »Frei«raum, in dem es sich austoben, sich »entgrenzen« kann. Außerdem beginnt jenseits seiner Grenzen Ihr Freiraum. Nur von hier aus haben Sie die Möglichkeit, auch das erfrischende, witzige, einfallsreiche, mutige Wesen Ihres Kindes wahrzunehmen.

**▶ WICHTIG**

Trauen Sie sich, Ihr Kind anderen Personen »zuzumuten«. Zumindest stundenweise können Freunde oder Verwandte Ihren Wildfang hüten. Selbst wenn die Betreuer gestresst sind, sie können Ihr Kind ja bald wieder zurückgeben! Gönnen Sie sich – oder Ihren anderen Kindern – die paar Stunden ruhigen Gewissens.

# Ermutigung und Selbstvertrauen

## *Bei uns selbst anfangen*

Selbstvertrauen oder auch Selbstsicherheit und Selbstachtung bilden das Rückgrat eines jeden Menschen. Wenn ein Kind geboren wird, trägt es alle Anlagen in sich, um diese Eigenschaften entwickeln zu können. Viele der heutigen Erziehungsideale bauen darauf auf, diese Entwicklung zu unterstützen und zu fördern. Ein Mensch, der sich selbst achtet, vertraut und sich seiner sicher ist, kann diese Werte auch in anderen sehen und sich offen, eigenständig und verantwortungsbewusst verhalten. Da Kinder von sich aus nichts gegen eine solche Erziehung setzen, sind hauptsächlich wir diejenigen, die sie behindern oder unterstützen können. Darin liegt unsere große Verantwortung, aber auch unsere Verunsicherung. Wir wissen, dass wir diese Werte – wollen wir sie weitergeben – selbst in uns tragen müssen. Aber wir wissen auch um unsere bekannten und unbekannten Ängste, Machtansprüche oder unseren Mangel an Selbstachtung. Auch diese Eigenschaften werden auf unsere Kinder wirken. Deshalb ist die Entwicklung unserer Kinder von unserer eigenen abhängig. Wenn wir also unsere Kinder dazu ermutigen wollen, Selbstvertrauen und Selbstachtung zu entwickeln, müssen wir bei uns selbst anfangen.

## *Versuch und Irrtum erlaubt!*

»Ich fürchte, ich bin ein ängstlicher und noch dazu ungeduldiger Typ. Ich möchte Felix und Anja gern mehr zutrauen, aber ich kann dann doch nicht mit ansehen, wenn Anja ihrem großen

Bruder hinterherklettern will. Ich darf mir gar nicht vorstellen, was passieren kann, wenn sie herunterfällt. Und wenn Felix puzzelt, dauert es eine Ewigkeit, bis er die richtige Stelle findet. Mein Mann hat da mehr Geduld. Selbst wenn Felix fünf Minuten für ein Teil brauchen würde, könnte er zugucken, ohne ihm zu helfen.«

So könnte Felix' und Anjas Mutter sich und ihren Kindern weiterhelfen:

- Sie kann ihre Angst anschaulich machen, indem sie sich vorstellt, was alles passieren kann. Dazu versucht sie in einer ruhigen Minute herauszubekommen, was das Wahrscheinlichste ist, das passieren könnte (dass Anja erfolgreich klettert), dann das Nächstwahrscheinliche (dass sie abrutscht, sich aber fängt) und so weiter (sie fällt, holt sich aber nur Schrammen und Beulen, weil die Mutter dabei steht und aufpasst/sie fällt und verstaucht sich den Fuß/sie fällt und bricht sich ein Bein/sie fällt, bricht sich ein Bein und hat eine Gehirnerschütterung. Ein Todesfall ist so unwahrscheinlich, dass er unberücksichtigt bleiben kann. Die Mutter wird Anja nicht so hoch klettern lassen, dass ein Sturz lebensgefährlich würde.). Sie wird sehen, dass die schlimmeren Dinge so wenig wahrscheinlich sind, dass sie das nun gering gewordene Risiko besser tragen kann.
- Sie verabredet vor der nächsten Kletteraktion mit Anja eine Stelle, bis zu der sie klettern darf. Sie betont, dass Anja höher klettern dürfe, wenn sie geübter darin sei.
- Sie verzichtet darauf, ihre Ängste als Ankündigung auszudrücken. (»Du fällst noch herunter!«)
- Falls Anja etwas Gefährliches tut, gibt sie Tipps statt zu warnen

(»Der Ast bricht gleich ab«), zu drohen (»Das nächste Mal darfst du nicht mehr mit den Großen auf den Spielplatz«) oder zu schimpfen (»Ich habe dir schon hundertmal gesagt, du darfst noch nicht da hoch. Komm runter!«). Sie könnte sagen: »Anja, sieh mal den großen Ast neben dir … ja, den auf dieser Seite. Wenn du dich daran festhältst, ist es sicherer.«

- Wenn Anja Angst bekommt, sollte sie ihr Mut machen: »Du bist da allein hinaufgekommen, da schaffst du es auch bestimmt wieder runter. Ich helfe dir und sage, wohin du treten kannst.« Und sie sollte ein Lob nicht vergessen: »Mensch, toll hast du das gemacht. Trotz deiner Angst bist du so gut runtergekommen.« Sie sollte nicht sagen: »Siehst du, das habe ich kommen sehen. O je, wie kommst du da nur runter?«
- Sie guckt beim Puzzeln ihres Sohnes nicht zu. Sie hilft nur auf Wunsch. Sie überlässt das Puzzeln dem Vater.
- Felix hat sein eigenes Tempo beim Erkennen und Zuordnen der Teile. Vielleicht hat er noch keine Methode und probiert Verschiedenes aus. Wenn die Mutter merkt, dass er nach mehreren Puzzle-Spielen nicht schneller vorankommt, kann sie ihm Tipps geben (»Es ist gut, mit dem Rand anzufangen.«). Es kann aber auch sein, dass es ihm gar nicht auf Effektivität ankommt, sondern dass es ihm Spaß macht zu suchen. Warum soll man ihm das nicht lassen?

Schließlich kann man für Kinder – wie auch für Erwachsene feststellen: Selbst ausprobieren dürfen, Fehler (mehrmals) machen dürfen, die Grenzen selbst herausfinden dürfen und sich über Erfolg mit anderen freuen sind die wichtigsten Erfahrungen, die zu Selbstachtung und Selbstvertrauen führen.

# Grenzen müssen sein

### *Die Bedeutung von Grenzen*

Mensch sein bedeutet Grenzen zu haben. Mensch sein bedeutet aber auch, die Wahl zu haben. Welche Grenzen akzeptiere ich für mich, und welche engen mich ein? Das sind Fragen, die fast allen wichtigen Entscheidungen über unser Leben zugrunde liegen. Will ich Regisseurin werden? Dann habe ich die Grenzen weit gesteckt. Ich traue mir zu, den Raum bis dahin auszufüllen, und fühle mich wohl in dieser Weite. Will ich Beamter werden, so hat Sicherheit eine große Bedeutung für mein Leben, ein überschaubarer Rahmen ist die Grundlage meines Wohlbefindens. Haben wir uns die Grenzen selbst gesetzt, werden wir darin zufrieden sein. Leben wir aber nur deshalb in ihnen, weil wir sie gewohnt sind, nichts anderes kennen oder überzeugt sind, sie nicht ändern zu können, wird es schon schwieriger mit der Zufriedenheit.

**▶ BEISPIEL**

»Eigentlich wollte ich gar kein Bankkaufmann werden, aber die Eltern meinten, dies sei ein solider Beruf, und ich wusste sowieso nicht, was ich machen sollte. Rechtsanwalt wäre mein Traum gewesen, aber ich habe mich noch nicht mal getraut, ihn auszuträumen. Es war klar, dass meine Eltern gegen ein Studium waren, und es war auch klar, dass ich nichts gegen meine Eltern tun würde. Jedenfalls nichts so Großes. Also: aus die Maus. Vielleicht war das nicht richtig.«

Warum haben die Eltern ihren Sohn nicht in seinen Träumen unterstützt? Warum konnte der Sohn sich nicht gegen die Eltern wehren? Für ihn war klar, dass etwas, das er für sich selbst tat, gegen die Eltern gerichtet sein müsse. Ist das folgerichtig? Wo müssen die Erwartungen der Eltern aufhören, und wo dürfen die Bedürfnisse der Kinder anfangen? Das sind alles Grenzfragen. Schon während der Schwangerschaft fangen wir an, uns mit ihnen zu beschäftigen. Höre ich auf zu rauchen? Bemühe ich mich um eine Beförderung, um mehr Geld zu haben, oder bleibe ich auf meinem Arbeitsplatz, um mehr Zeit zu haben? Will ich dieses Kind wirklich?

Eltern wie Kinder haben Bedürfnisse, die oft gegeneinander stehen und zum Konflikt führen. »Siegen« eher die Eltern oder eher die Kinder? Oder wird ein Mittelweg angestrebt, um einen Machtkampf zu vermeiden und allen gerecht zu werden? Letztere Frage wird den heutigen Erziehungsvorstellungen nach ganz klar mit ja beantwortet. Es herrscht ein »demokratischer« Erziehungsstil vor. Oft wird auch von »positiver« Erziehung gesprochen. In Abkehr von zu viel Autorität, aber auch in Abkehr von deren Gegenteil, der antiautoritären Erziehung, wird heute die Bedeutsamkeit von Regeln und Grenzen betont.

### *Grenzen setzen – eine Gratwanderung*

»Maja ist erst neun Monate. Wo soll ich ihr schon Grenzen setzen? Ich meine, es ist ja klar, dass ich sie nicht da krabbeln lasse, wo Glasscherben liegen oder wo es sonst wie gefährlich ist. Ich muss eben sehr aufpassen und noch alles für sie entscheiden, weil sie ja noch so klein ist. Sind das schon diese ›Grenzen‹? Und wenn ja, wie weiß ich, dass die richtig sind? Und wie setze ich sie?

Wenn ich zum Beispiel will, dass sie nicht in der Blumenerde wühlt, macht sie das trotzdem. Das strenge ›Nein‹ hat jedenfalls beim hundertsten Mal noch nicht gewirkt.«

Die Frage nach den richtigen Grenzen und wie man sie wirksam setzen kann, stellen Eltern am häufigsten. Zunächst: Es gibt natürlich einige Gedanken, die einen zur »richtigen« Grenze führen können:

- Ist Gefahr im Spiel? Wie groß ist sie?
- Kann ich meinem Kind das zutrauen?
- Wird ein elementares Bedürfnis oder Recht meines Kindes verletzt/gesichert?
- Wie stark oder berechtigt empfinde ich mein Bedürfnis nach dem eigenen Bett, einem Abend zu zweit, abzustillen, in Ruhe mit dem älteren Kind zu spielen …?
- Werden die Grenzen Dritter beeinträchtigt (beim Toben im Restaurant, bei Aggressionen gegenüber anderen Kindern …)?

In den meisten Fällen werden Sie jedoch ausprobieren müssen. Wie gesagt: Grenzen setzen ist ein individueller Vorgang und eine Gratwanderung. Es geht um das Abwägen mindestens zweier berechtigter Bedürfnisse.

Wenn Ihr Kind noch sehr klein ist, werden Sie herausfinden müssen, was sein Bedürfnis ist. Fehler lassen sich dabei nicht vermeiden. Sie werden aber wahrscheinlich merken, wenn Sie die richtige Grenze oder Regel gefunden haben. Wenn Sie ein sicheres Gefühl dabei haben, wird Ihr Kind sie relativ schnell akzeptieren.

Nun zurück zum Beispiel: Vielleicht hilft bei Maja ein ernstes Nein nur dann, wenn sie konsequent vom begehrten Objekt

**▶ WICHTIG**

Grenzen machen den Bewegungsspielraum überschaubar und bieten die Sicherheit, die Kinder für ihre Entwicklung brauchen. Sie zu setzen ist die Aufgabe der Eltern.
Zu enge Grenzen hindern Kinder in ihrer Entwicklung. Durch ihr inneres Bestreben zu wachsen überprüfen sie ständig die gesetzten Grenzen und überwinden sie schließlich. Es ist die Aufgabe der Eltern, zu erkennen, wann eine Grenze zu eng gesteckt ist. Eine neue, nach vorne verlegte Grenzlinie wird dann nötig.
Kinder brauchen Freiraum, um ihre eigenen Grenzen zu finden. Eltern sollten so ehrlich und konsequent mit ihren eigenen Grenzen umgehen wie mit denen ihrer Kinder.

weggetragen wird (siehe »Mit dem Körper unterstützen«, S. 58). Wenn sie weint, kann die Mutter fest bleiben, ihr aber trotzdem ihr Mitgefühl zeigen und der Kleinen einen Ersatz anbieten: »Ja, mein Schatz, ich weiß, du möchtest so gern damit spielen, aber ich möchte nicht, dass die Pflanze leidet und der Teppich schmutzig wird. Komm mit in die Küche, du darfst die Schublade ausräumen.« Solange aber der Blumentopf seine Anziehungskraft behält, wird Maja immer wieder versuchen, darin zu buddeln. Das bedeutet nicht, dass die Grenze vorher nicht gut gesetzt war oder dass Maja die Regel nicht »verstehen« kann. Sehr kleine Kinder haben andere Zeitbegriffe: Was vorhin galt, muss jetzt nicht mehr gelten. Außerdem liegt das Bestreben, Interessantes zu wiederholen, in der Natur der Kinder. Wiederholungen sind wichtige Lernerfahrungen für das Kind, die sich jedoch auch die Eltern zunutze machen können: Erst das mehrmalige Wegtragen über einige Tage wird Maja klar machen, dass der Blumentopf tabu ist. Genauso kann die Mutter andere Regeln einführen (beim Schlafengehen, beim Umgang mit der Stereoanlage …).

Sie könnte allerdings auch versuchen, das Grenzspielchen zu umgehen, indem sie beispielsweise den Blumentopf mit Stoff bespannt oder ihn wegstellt. Das hat bei sehr aktiven Kindern eine entspannende Wirkung, denn welche Mutter will schon den ganzen Tag nein sagen.

Machen Sie sich aber klar: Grundsätzlich kommen Sie nicht um das Neinsagen, das Durchhalten Ihres Neins und den Protest Ihres Kindes herum. Besonders wenn es um Grenzen in Ihrem persönlichen Bereich geht. Wenn Sie Ihr Kind zum Beispiel auf den Boden setzen, weil es nicht aufhört, an Ihren Haaren zu ziehen, wird es wahrscheinlich protestieren. Und damit ist das größte Problem angesprochen, das Eltern bei Grenzsetzungen haben: Es fällt ihnen schwer, den Unmut, die Wut oder das Traurigsein ihrer Kinder auszuhalten. Sie befürchten, dass eine Regel, die ein Kind nicht freudestrahlend akzeptiert, eine falsche sein muss, und setzen ihr eigenes Bedürfnis nach einer Grenze sofort zurück. Vielleicht binden Sie sich die Haare hoch oder schneiden sie ab. Das ist für sich gesehen eine mögliche Lösung. Wenn Sie aber jedes Mal so reagieren, nur weil Ihr Kind protestiert, werden Sie bei ihm bald keine große Wertschätzung mehr genießen.

Außerdem: Warum sollten Sie Ihrem Kind die Möglichkeit nicht lassen, Zorn oder Unbefriedigtsein auszudrücken? Es ist sein gutes Recht, wenn entgegen seinem Interesse gehandelt wird. Dieses Recht nehmen wir uns selbst heraus, und wir wissen, dass es uns gut tut.

- Es ist klar: Wenn eine Grenze von Ihrem Kind mit Wutausbrüchen kommentiert wird, kann das ein Hinweis darauf sein, dass es die falsche war. Wenn es jedoch um Grenzen geht, die Ihren persönlichen Bereich betreffen, können nur Sie entscheiden. Will ich wirklich meine Haare als Zopf tragen oder abschneiden? Wenn nein: Setzen Sie Ihr Kind ruhig und bestimmt auf den Boden, und lassen Sie sich nicht durch das Jammern umstimmen.
- Stehen Sie zu Ihrer Entscheidung, und teilen Sie sie in klarer Sprache mit. Ihr Kind wird spüren, dass Sie es ernst meinen, und sich entsprechend verhalten.
- Wenn Ihr Kind ein sehr ausdauerndes Wesen hat und erst beim »hundertsten Mal« hört oder jeden Tag wieder an die Stereoanlage geht, das Baby würgt oder Ähnliches, können Sie es selbst »begrenzen«: Fragen Sie es, ob es lieber sein Verhalten einstellen will oder im Laufstall (bei kleineren Kindern) oder im Kinderzimmer (bei größeren) weiterspielen. Diese Zuweisung stellt klar: Das ist dein Raum, da kannst du machen, was du willst; hier ist mein/unser Raum, da möchte ich das nicht.
- Was ist so schlimm daran, wenn Sie sich geirrt haben? Überdenken Sie in einer ruhigen Minute die Regel. Wenn es zum Beispiel immer Streit beim Anziehen gab, weil Sie die Kleider aussuchen wollten, könnten Sie das nächste Mal sagen: »Laura, ich habe gemerkt, dass du doch deine Kleider aussuchen kannst. Magst du das jetzt tun? Ich möchte aber sagen, ob lange oder kurze Hosen besser sind. Ich weiß, welches Wetter ist

und welche Kleider dazu passen.« (Keine Angst vor Mustermix!)

- Finden Sie einen Kompromiss. Kinder trotzen nur bei Machtkämpfen! Kompromisse nehmen sie dagegen gern an!

## Konsequenzen zeigen

***Konsequenzen sind keine Strafaktionen!***

Zwischen Strafen und Konsequenzen besteht ein großer Unterschied, auch wenn das auf den ersten Blick nicht so scheinen mag. Wenn Lauras Mutter aus dem obigen Beispiel ihrer Tochter droht: »Wenn du jetzt die Kleider nicht anziehst, dann darfst du nicht mit einkaufen gehen«, ist das eine Drohung. Die Strafe wäre dann, sie tatsächlich nicht mitzunehmen. Eine solche Drohung setzt das Kind unter Druck, es geht ums Gehorchen, die Eltern zeigen ihre Macht oder Ohnmacht. Wenn Mütter zum Beispiel androhen, ohne das Kind zu gehen, ist das selten möglich. Meist ist niemand anderes da, und auch eine genervte Mutter lässt nicht ihr zweijähriges Kind allein zu Hause. Die Ohnmacht der Mutter wird bald sichtbar. Wenn sie zum zehnten Mal droht, ohne das Kind zu gehen, aber natürlich bleibt (was das Kleine weiß), wird sich ihre Ohnmacht schließlich in Schimpfen und körperlicher Übermacht ausdrücken: Sie zwängt ihr steifes, kreischendes Kind in seine Kleider. Oder das Kind verweigert auf andere Art: Es lässt sich willig anziehen, und während die Mutter sich selbst und das Baby anzieht, zieht es sich in einem stillen Winkel wieder aus.

Druck und Strafen bringen also selten – und meist nur kurzfristig – das gewünschte Ergebnis. Dazu kommt, dass Ihr Kind nur gehorcht hat. Es hat nicht an der Lösung des Konfliktes mitgewirkt und auch keine Einsicht in Bezug auf den Konflikt gewonnen! Wohl aber die Einsicht, dass Sie mehr gelten als es selbst. (Mochten Sie als Kind solche Gefühle? Akzeptieren Sie es als Erwachsener, wenn man so mit Ihnen umgeht?)

Es geht also neben dem Finden von Kompromissen darum, dem Kind aufzuzeigen, was aus seinem Verhalten folgt, und es das auch spüren zu lassen. Das ist mit »Konsequenzen« gemeint. Es sind Folgen, die sich auf die Sache beziehen.

Konsequenzen drücken sich so aus: »Du wolltest doch neue Pfirsich-Gläschen in den Einkaufswagen legen. Wenn wir nicht einkaufen gehen, dann kann es auch keinen Nachtisch geben … kannst du nicht noch einmal am Spielplatz vorbeigehen … kannst du Bello kein Leckerli geben …« Es gibt viele Möglichkeiten, worin Lauras Interesse am Einkaufengehen liegen könnte. »Wenn … dann …« klingt natürlich genauso wie die oben formulierte Androhung einer Strafe. Doch es beschreibt die sachliche Folge eines Verhaltens und kündigt keine von Eltern entschiedene Maßnahme an, um ein bestimmtes Verhalten zu erzwingen. Auf solche Konsequenzen hingewiesen, sind die meisten Kinder einsichtig.

»Aber so etwas braucht wahnsinnig viel Zeit und Geduld«, wenden viele an dieser Stelle ein, »und welche Mutter hat die schon immer!« Stimmt. Immer hat keine Mutter Geduld. Immer kann wahrscheinlich keine Mutter konsequent sein. Aber deshalb ist das Prinzip konsequenten Verhaltens nicht unbrauchbar. Und wenn eine ungeduldige Mutter mit ihrem unwilligen Kind aneinander gerät, sind auch Strafaktionen selten die Lösung. Meist geht der Stress beim Einkaufen weiter, und am Ende gibt es sogar mehr Geschrei. Zum richtigen Zeitpunkt gesetzte Grenzen und das Zeigen von Konsequenzen sind auf alle Fälle weniger nervraubend. Da sie auf die Einsichtswilligkeit des Kindes bauen, sind solche Konflikte auch viel früher beigelegt. Machtkämpfe können sich dagegen monatelang hinziehen!

Noch ein Wort zur Einsichtswilligkeit: Ihr liegt die Erfahrung zugrunde, dass Kinder an der Lösung eines Konfliktes durch Einsicht mitarbeiten wollen. Das macht Kinder auch so kompromissbereit. Ihnen auf diese Weise zu begegnen bringt den Kindern viel:

- Sie können Verantwortungsbewusstsein entwickeln.
- Es wird ihnen eine Wahl eingeräumt, und man traut ihnen zu, die Folgen ihrer Wahl zu tragen. Selbst wenn die Mutter eine Entscheidung getroffen hat, bleibt Spielraum für eine Wahl. Das verhindert oft einen Kampf um die Entscheidung an sich: »Laura, wir gehen jetzt einkaufen, willst du dich allein anziehen, oder soll ich es tun?«

Kinder, denen es bei einer Auseinandersetzung nicht um die Sache geht, sondern um den Konflikt selbst, suchen etwas ganz anderes: Aufmerksamkeit, die sie sonst nicht bekommen. Oder sie nutzen den Konflikt, um Grenzen zu spüren. Vielleicht ist die Mutter grundsätzlich sehr nachsichtig und setzt extrem spät Grenzen. Diese Kinder wollen dann Grenz»berührung« – und wenn es eine Ohrfeige ist (siehe S. 54).

Und noch ein paar Gedanken zur Dauer: Es kann natürlich im Einzelfall trotzdem länger dauern, bis ein Konflikt geklärt ist. Denn Klärungen brauchen Zeit, und neue Sicht- und Verhaltensweisen brauchen ebenfalls Übung und damit Zeit.

### *Wenn alles nichts hilft …*

… sind oft doch noch versteckte Machtkämpfe im Spiel. Dann geht es nicht darum, eine gemeinsame Lösung zu finden, sondern es steht weiter Interesse gegen Interesse. An dieser Stelle tauchen oft Fragen auf: Wie soll ich denn mit einem Kleinkind eine

**▶ BEISPIEL**

Moritz ist 20 Monate und weigert sich seit kurzem, sich nach dem Saubermachen eine neue Windel anziehen zu lassen. Es ist ein einziges Gewinde und Ringen, und am Ende gibt es Tränen. Die Mutter meint, da gäbe es kein gemeinsames Interesse, sie hätte schon alles versucht: Buch mitnehmen, Bauchkrabbeln, Belohnung. Nichts hätte geholfen. Sie nutzt also ihre körperliche Überlegenheit – wenn auch schweißgebadet und von schlechtem Gewissen begleitet. Sie spricht ihr Machtwort: »Die Windel wird jetzt angezogen« und tut es. Sie sagt: »Die Grenze habe ich gesetzt, ich bin konsequent gewesen … aber nichts hilft. Er schreit, und ich bin unglücklich. Aber ich muss es tun, sonst wird er ja nass, und ich habe auch keine Lust, dauernd die Klamotten zu wechseln. Außerdem muss ich ja auch irgendwann mit ihm raus, und spätestens dann gibt es den Kampf.«

gemeinsame Lösung finden können? Hat mein mütterliches Machtwort überhaupt keine Bedeutung mehr? Ich weiß doch, was gut, richtig oder notwendig ist, und ich will die Verantwortung tragen, es auch zu tun. Wie kann mein Kind sonst so etwas lernen?

In dem Beispiel auf Seite 47 steht also Interesse gegen Interesse. Moritz möchte kein Bauchkrabbeln und Ähnliches: Er möchte ohne Windel herumlaufen. Er weiß nicht, wie es sich anfühlt, in nassen Sachen zu stecken. Das Argument seiner Mutter, er würde ohne Windel nass werden, zieht nicht. Die Mutter möchte Moritz die Windel anziehen. Sie möchte auch keine nassen Kleider haben oder riskieren, dass Moritz unterwegs nass wird. Ich frage Moritz' Mutter, was so schlimm daran ist, wenn er eine Zeit lang nass herumläuft. Er könnte spüren, wie das ist. Sie hingegen könnte seinem Bedürfnis nachgeben und ihm sagen, dass er zu ihr kommen kann, wenn er eine Windel anziehen möchte. Sie ließe ihm den Raum für Erfahrungen, hätte zwar mehr Wäsche, aber dafür die Aussicht, dass das Windelwechseln in Zukunft kein Kampf mehr sein wird. »Unmöglich«, sagt darauf Moritz' Mutter. »Es ist ihm sicher egal, ob er nass ist. Außerdem ist es draußen kalt, und ich will nicht, dass er eine Erkältung bekommt.«

Nach zwei Wochen schließlich treffen wir uns zufällig wieder, und ich bekomme einen spannenden Bericht:

»Erst fand ich Ihre Idee ziemlich absurd«, meinte Moritz' Mutter zu mir. »Nach einigen Tagen aber war ich so genervt, dass mir fast alles egal war. Ich dachte, soll er sich doch nass pinkeln so viel er will. Ich habe ihm gesagt, dass er ohne Windel laufen darf, dass er aber zu mir kommen soll, wenn er eine möchte. Bald war er nass. Er kam nicht zu mir. Er wollte keine neuen Strumpfhosen.

Mir war es gar nicht wohl. Ich bot ihm an, spazieren zu gehen. Glücklicherweise musste ich nicht unbedingt weg. Ich sagte ihm: ›Wir gehen nur mit Windel aus dem Haus, draußen ist es kalt.‹ Dann erzählte ich, wir könnten bei seinem Freund vorbeigucken. Er wollte nicht. Erst nach zwei Stunden (!) und noch immer in der nassen Strumpfhose – was mich wahnsinnige Nerven gekostet hat – kam er. Mit einer Windel in der Hand und den Worten ›dada‹, was rausgehen bedeutet. Ich war platt. Die nächsten Tage wollte er immer mal wieder keine Windel – ich ließ ihn, wusch, machte einmal ein Häufchen aus der Hose und putzte Pfützen weg. Er hat sich sogar einmal erfolgreich aufs Töpfchen gesetzt, ohne es mir zu sagen. Zwischendurch ließ er sich dann wieder problemlos die Windel anziehen. Einmal wollte er auch als es rausging keine Windel. Ich habe ihn gelassen, so angezogen, dass ein schneller Wechsel möglich war, und bin los. Er war irgendwann nass und als er so kalt war, dass ich schon in Panik geriet, fragte ich, ob er eine Windel und eine trockene Hose möchte. Er wollte. Ich wickelte ihn bei 2 °C, ging nach Hause und setzte ihn in die Wanne. Seitdem ist Windelanziehen kein Problem mehr. Kein Machtkampf mehr. Und irgendwie bin ich lockerer. Ich denke, vielleicht fängt er an sauber zu werden. Er muss ja irgendwie ein Gefühl dafür kriegen.«

Ein halbes Jahr später war Moritz tatsächlich trocken, während manche anderen Kinder ein halbes Jahr mit Windelkämpfen zubringen.

Es gibt sicher immer noch Einwände: Hätte die Mutter auf ihrem Machtwort bestanden, wäre nach zwei Wochen Kampf vielleicht auch Ruhe gewesen. Möglich. Von einem Kompromiss hätte man dann aber nicht sprechen können. Ebenso wenig davon, dass das Kind Raum für eigene Erfahrungen hatte. Bei Moritz hing die Weigerung, eine Windel haben zu wollen, auch damit zusammen, dass er in eine Entwicklungsphase in Richtung trocken werden kam. Das konnte seine Mutter nur feststellen, indem sie sich auf ihn einließ. Hätte die Mutter im Machtkampf gesiegt, hätte sie dabei auch einen wichtigen Entwicklungsschritt gestört. So hat sie etwas von ihrem Kind kennen gelernt, und Moritz hat Selbstvertrauen und Achtung ihm gegenüber erfahren. Und: Moritz' Mutter hat dabei trotzdem nicht ihre Autorität eingebüßt!

## Wer hat eigentlich das Problem?

### *Über das Recht auf eigene Probleme*

Viele Eltern glauben, die Probleme ihrer Kinder seien auch die ihren. Das stimmt nur zum Teil. Natürlich kann ein Problem des Kindes seine Eltern nicht unberührt lassen. Die Eltern sind in der Pflicht, ihr Kind bei der Lösung zu unterstützen. Aber es ist das Problem des Kindes, und das sollte es auch bleiben. Nur wenn es selbst die Initiative ergreift und eine Lösung möchte, wird es eine geben. Und nur wenn es das selbst tut, wird das Kind ein Erfolgserlebnis haben. Es hat etwas gelernt, sich als stark erlebt und kann es das nächste Mal allein. Auch wenn es das Problem nicht ohne Ihre Unterstützung bewältigt hätte, wird es den Vorgang als positive Erfahrung erinnern.

»Max ist jetzt schon 2½ Jahre und weigert sich, allein einzuschlafen. Ich weiß nicht, ob er Angst hat oder ob er es nur so gewöhnt ist. Mich stört das aber schon lange, und ich meine, er könnte es auch allein. Aber ich weiß nicht, was ich da für ihn tun kann. Und ihn schreien lassen kann ich nicht. Er klettert außerdem sowieso nach einiger Zeit über das Gitter.«

Max wird das Allein-Einschlafen nur lernen, wenn er auch allein mit sich ist! Wenn seine Mutter eventuelle Angstfaktoren beseitigt hat (Dunkelheit, Stille, geschlossener Raum ...) und sie sicher ist, dass Max wirklich nur sein Problem lösen muss (nämlich das für ihn neue und ungewohnte Allein-Einschlafen), sollte sie ihren Sohn unterstützen, indem sie das Vertrauen in ihn setzt, mit seinem Problem fertig zu werden. Seinem Alter nach ist er fähig dazu. Wenn es ihr trotzdem noch schwer fallen sollte, kann ein ihr unbewusster Konflikt dahinter stecken. Vielleicht fühlt sie sich durch Max' angehende Selbstständigkeit bedroht (»Mein

**▶ ZUSAMMENFASSUNG**

Wenn Sie sehen, dass ein Entwicklungsschritt schwierig für Ihr Kind ist, ist das noch kein Grund, es davor bewahren oder ihm diese Leistung abnehmen zu müssen. Es gehört zum Leben, dass es auch schwere Erfahrungen oder Entwicklungen gibt. Sie zu durchleben ist sehr wichtig, es macht uns stark, selbstständig, handlungsfähig und kreativ im Finden von Lösungen. Wenn Sie Ihr Kind diese Erfahrungen machen lassen, aber rechtzeitig eingreifen, wenn ein Problem zu schwer ist, helfen Sie ihm mehr, als wenn Sie sich seine Probleme zu Eigen machen.

Gott, jetzt ist er schon so groß, dass er allein zu Bett geht …«) und das widersprüchlicherweise selbst dann, wenn sie die Freiheit, die es für sie bedeutet, gern wiederhätte (»Schön, dass er allein zu Bett geht, jetzt kann ich wieder Nachrichten gucken …«). Solche Widersprüche kennen wir alle. Wenn sie aber unbewusst bleiben, laden wir unseren Konflikt unseren Kindern auf. Schläft Max also trotz wohl gemeinter Versuche nicht allein ein, kann dies auf eine Unklarheit seitens der Mutter hinweisen (siehe auch »Schlafen«, S. 114ff.).

### *Das Kind als Problem?*

»Selbst wenn ich wollte, ich könnte gar kein zweites Kind haben. Sandra ist ein so anspruchsvolles Kind. Dazu kam, dass sie ein halbes Jahr sehr krank war. Jetzt ist sie drei, und ich bin immer noch fix und fertig. Ich habe kaum Zeit für mich, und mein Mann beschwert sich auch ständig. Ich hätte nicht gedacht, dass ich mein eigenes Kind mal als Problem sehen könnte.«

Es gibt noch eine Menge anderer Situationen, in denen das Kind das Problem zu sein scheint. »Wenn das Kind nicht wäre, wäre mein Mann noch da, hätte ich meine Ausbildung fertig machen können, könnte ich …« Aber kann ein Kind jemandes Problem sein? Kommt man einer Lösung näher, wenn ein Kind als Problem aufgefasst wird? Will man dann überhaupt eine Lösung? Die Mutter könnte zufriedener sein, wenn sie sich überlegt, was ihr Anteil an der Anspruchshaltung ihrer Tochter ist. Dazu müsste sie klären, was sie gern für sich tun würde und wie sie es umsetzen könnte. Vielleicht erkennt sie, dass nicht ihr Kind sie daran hindert, die Ausbildung fortzusetzen, sondern dass ihr diese Berufswahl schon lange schwer im Magen lag, sie sich aber ei-

**▶ ZUSAMMENFASSUNG**

Herauszufinden wo ein Problem liegt, ist die wichtigste Voraussetzung, um es zu lösen. Vielleicht haben Sie gar kein »Erziehungsproblem«? Vielleicht sind Sie mit sich oder Ihrem Partner im Unklaren? Vielleicht ist es nicht Ihr unwilliges Kind, das eine Lösung verhindert, sondern Ihre Unsicherheit in Bezug auf Ihr Tun? Mit seinem Verhalten signalisiert uns unser Kind etwas. Es hat nicht die Absicht, uns zu verletzen. Es gibt uns lediglich eine Rückmeldung auf unser eigenes Verhalten. So gesehen sind unsere Kinder nicht unsere Probleme, sondern unsere Chance zur Veränderung, unsere Chance, weiter zu wachsen.

nen Abbruch nicht zugestehen wollte. Vielleicht merkt sie, dass sie sich zunächst so gern von ihrem Kind in Anspruch nehmen ließ, weil ihr dies eine Aufgabe und einen Platz in der Gesellschaft gab. Ihren eigenen Anteil an der unbefriedigenden Situation zu erkennen, eröffnet die Wende zum Besseren, denn: Was man selbst verursacht hat, kann man auch ändern!

Solche Fragen an sich selbst stellen und beantworten zu können, erfordert selbstverständlich Erfahrung, Zeit und Geduld. Der Lohn sind neue Selbsterkenntnisse, die Ihnen und Ihrer Familie in zukünftigen Konflikten aber wirklich weiterhelfen.

# Schlagen gehört nicht dazu

Sie haben nächtelang wegen Ihres zahnenden Babys nicht gut geschlafen, laborieren an einer Erkältung herum, erfahren, dass Ihr Mann mal wieder später heimkommt und erleben gerade im Moment, da Sie mit ihm telefonieren, den dritten Wutanfall Ihres Dreijährigen. Sie herrschen den Kleinen an, er solle nebenan weiterschreien, was zur Folge hat, dass er noch lauter brüllt. Sie reißen sich erfolgreich das hundertste Mal zusammen, hören auf zu telefonieren, trösten, haben es wieder einmal geschafft. Aber eine halbe Stunde später fällt das zweite Glas Saft an diesem Tag um. Auf Ihre Hose. Da rutscht Ihnen die Hand aus. Dazu gesellen sich die vermaledeiten Worte Ihrer Mutter: »Ich habe dir schon hundertmal gesagt, du sollst dich nicht über dein Glas beugen. Kann es nicht ein Abendessen geben, an dem mal nichts passiert?« Ihr Sohn heult, das Baby heult, Sie heulen. Vor Wut, Überlastung, schlechtem Gewissen über Ihren Ausbruch und vor Verzweiflung, weil Sie beim besten Willen nicht wissen, wie Sie es hätten anders machen können.

Solche Tage gibt es. Ob mit oder ohne »Handausrutscher«, bei fast allen Familien, fast jeden Monat. Mit etwas Erfahrung reduzieren sich diese Stresstage im Laufe der Zeit aber wahrscheinlich. Sie lernen, wie Sie früher Grenzen setzen können, wie Sie sich vor Überlastung schützen können. Dennoch sind Sie ein Mensch geblieben, es ist immer noch Ihre Haut, in der Sie stecken. Und deshalb werden Sie immer mal wieder Fehler machen und solche Tage erleben. Außerdem haben auch Eltern ein Recht auf Gefühle jeder Art: Ärger, Zorn, Enttäuschung, Angst … Wenn Ihnen also einmal die »Hand ausrutscht«, Sie brüllen und toben oder ganz bedrohlich still werden und Verachtung in die Welt schicken: Ihr Kind wird deshalb nicht beim Psychiater landen! Kinder können Ausnahmen von der Regel unterscheiden. Und sie können sie verkraften. Erst recht, wenn Sie auch wieder für Frieden sorgen und sich entschuldigen können! Offen zutage tretende Gefühle können Kinder besser verarbeiten und verstehen als versteckte.

Was Ihrem Kind schadet:

- Häufige Streitsituationen, besonders solche mit Schlägen und Strafen als Erziehungsmaßnahme. Motto: Das hat noch niemandem geschadet. (Hat es Ihnen wirklich nicht geschadet? Waren es eher die »schlagenden« Argumente Ihrer Eltern, die Ihnen Respekt abgerungen haben, oder waren es ihre Leistungen und ihr Verständnis?)
- Wenn Sie das Kind für Ihr Verhalten verantwortlich machen.
- Wenn Sie sich nicht entschuldigen.

**WICHTIG**

Schlagen ist in jedem Fall eine Herabwürdigung Ihres Kindes und verletzt sein Recht auf körperliche Unversehrtheit. Schlagen zeigt elterliche Ohnmacht. Deshalb wird versucht, sich mit Gewalt wieder zur Macht zu verhelfen. Schläge gehören zu den Strafen, und als solche taugen sie nicht zur Lösung eines Problems. Sie können ein bestimmtes Verhalten des Kindes zwar stoppen, sie zeigen aber nicht, wie es besser geht.

Schläge zerstören das Vertrauensverhältnis zwischen Eltern und Kindern.

Nun gibt es viele Eltern, die selbst geschlagen wurden und sich geschworen haben, das nie bei ihren Kindern zu wiederholen. Wenn es dann trotzdem passiert, sind Sie außer sich vor Scham und Hilflosigkeit. Sie haben in einer Situation emotionaler Überforderung das getan, was sie als Kind gelernt haben: zuzuschlagen. Denn Kinder gucken ihren Eltern deren Verhaltensweisen ab, paradoxerweise selbst dann, wenn sie sie verurteilen. Als Erwachsene sind sie dann damit konfrontiert, das Alte nicht wiederholen zu wollen, aber trotzdem nicht zu wissen, wie es besser ginge. Mit diesen Schwierigkeiten haben viele Eltern zu tun. Wenn Sie auch dazugehören, sollten Sie sich deshalb, besonders wenn es sich ums Schlagen oder sonstige körperliche Gewaltanwendungen handelt, in eine Familienberatungsstelle trauen. Sie werden dort nicht verurteilt! Ihnen wird nicht das Kind weggenommen! Ihnen wird nicht die Liebe zu Ihrem Kind abgesprochen! Sie haben dort die Chance, einem Teufelskreis zu entrinnen und neue Möglichkeiten im Umgang miteinander zu erfahren.

## Wie sag ich's meinem Kinde?

### *Ichbotschaften*

Gerade im Umgang mit Kindern ist es wichtig, sich auch über die Macht der Sprache Gedanken zu machen. Vorwürfe, Herabsetzungen der Person, pessimistische Vorhersagen oder Festschreibungen persönlicher Eigenschaften sind entmutigend und demütigend. Wir selbst kennen unsere Reaktion, wenn wir so angesprochen werden: »Was bist du doch so umständlich. Lass mich das mal machen …« Wir empfinden das als ungehörig, reagieren wütend und selbst bei angebrachter Kritik uneinsichtig, weil wir damit beschäftigt sind, unsere Ehre zu retten. Kindern geht das genauso.

Sätze wie: Du machst mich wahnsinnig mit deiner Fragerei. – Sei doch nicht immer so wild. – Musst du am Tisch immer so herumzappeln! – Du wirst dir gleich wehtun! – Sei lieb und komm jetzt! – zeigen einerseits, berechtigt oder nicht, das Genervtsein der Eltern. Aber sie verurteilen auch das Kind als eines, das immer eine bestimmte Eigenschaft hat, so dass es beinahe selbst zu dieser Eigenschaft wird. Sein Wesen scheint jemanden in den Wahnsinn treiben zu können. Sein Tun scheint nur Negatives zur Folge zu haben. Wenn es etwas nicht tut, ist es böse. Sein Gut-Sein hängt also davon ab, was es tut, und nicht davon, was es ist.

Es gibt aber für Eltern die Möglichkeit, all die Gefühle auszusprechen, die hinter den obigen Sätzen stehen, ohne dabei das Kind herabzusetzen. Das sind die so genannten Ichbotschaften:

- Ich bin heute sehr nervös und habe keine Geduld, deine Fragen zu beantworten. Lass sie uns auf später verschieben.
- Ich habe Angst, dass etwas kaputtgeht oder du dir wehtust. Höre bitte auf zu hüpfen.
- Ich möchte in Ruhe essen. Das kann ich nicht, wenn ich dauernd auf dich achten muss. Sitz bitte still.
- Pass auf, ich habe Angst, dass du dir wehtun könntest.

So fühlt sich Ihr Kind nicht in seiner Person, sondern in seinem Tun kritisiert. Solche Botschaften enthalten außerdem die Information, wie Sie sich fühlen, und werden damit auch Ihnen gerechter. Ob Ihr Kind aber daraufhin sein Verhalten ändert, ist nicht sicher. Was wegfallen wird ist jedoch die Provokation, die auf »Schimpfbotschaften« eher folgt.

Vorsicht: Es gibt die versteckten »Schimpfbotschaften«. Etwa: »Ich finde, du bist zu wild.« Da wird vor den alten Vorwurf nur ein »Ich finde« gesetzt. Das ändert aber nichts an der Art des Satzes.

Sprachgewohnheiten zu ändern ist sehr schwer. Es geht mir aber nicht darum, Sie zu überzeugen, durch viel Training anders sprechen zu lernen. Das wären wahrscheinlich sowieso Worthülsen. Wichtig ist vielmehr die andere Haltung, die hinter den Ichbotschaften steckt. Und zwar eine andere Haltung sowohl zu sich selbst als auch zum Kind. Das ist es, was ein Kind spürt und auf das es reagiert. Wenn Sie einmal wagen, auf Ihre Sprache zu achten, werden Sie auch Zugang zu Ihrer Einstellung bekommen. Sie haben dann die Chance, sie zu hinterfragen, sie zu ändern oder sie zu bestärken.

So etwas geht natürlich nicht von heute auf morgen. Und ich möchte hier wie auch an anderen Stellen darauf hinweisen, dass niemand vollkommen ist. Erst heute Morgen musste sich meine Tochter folgenden Satz anhören: »Du alte Matschliese. Musst du denn immer dein Brot zerkrümeln?«

### *Mit dem Körper unterstützen*

Vor allem bei kleinen Kindern wirkt die Körpersprache manchmal mehr als der Inhalt des Gesagten. Zuwendung, Blickkontakt und körperliche Unterstützung helfen dem Kind, die Bedeutung der Worte und ihre Ernsthaftigkeit einzuschätzen.

**▶ BEISPIEL**

Sie sind gerade mit der Küche fertig geworden, und Ihr Kind möchte seine Lieblingsschublade ausräumen. Sie sagen: »Thomas, nein, ich bin gerade fertig mit Aufräumen. Ich möchte nicht, dass du die Dosen alle wieder herausholst. Komm, wir gehen jetzt raus.« Dazu machen Sie Folgendes: Sie knien sich hin, schauen Ihren Sohn an, räumen die Dosen ein, nehmen ihn auf den Arm und verlassen die Küche. Körpersprachlich haben Sie Ihre Aussage unterstützt, indem Sie

- sich auf die Ebene des Kindes begeben haben (hinknien, beugen)
- Blickkontakt aufnahmen (Wenn Ihr Kind denselben verweigert, macht das nichts. Es spürt trotzdem Ihre Augen auf sich ruhen.)
- Ihre Aussage durch eine Handlung bekräftigt haben (selbst [mit] einräumen)
- Ihre Aussage mit dem Körper unterstützt haben (heraustragen)

Nehmen Sie sich Zeit, um Ihre Hände abzutrocknen, unterbrechen Sie ruhig kurz eine Arbeit, um diese Unterstützung möglich zu machen. Das mag manchmal umständlich oder unmöglich sein, zumal man mit kleinen Kindern häufig seine Arbeit unterbrechen muss, aber auf lange Sicht haben Sie ein Kind, das weiß, wie ernst Ihnen Ihre Worte sind. Sie können dafür sicher sein, dass spätere, quer durch alle Zimmer gerufene Aufforderungen besser verstanden und befolgt werden.

### *Nicht zu viel reden*

Heutzutage setzen die meisten Eltern darauf, dass ihre Kinder verstehen, warum sie etwas von ihnen möchten oder nicht. Das ist gut so. Auch kleine Kinder, die noch nicht selbst sprechen können, verstehen durch eine Begründung etwas: den Ernst der Sache zum Beispiel oder die Tatsache, dass sie keiner Willkür ausgesetzt zu sein scheinen (Begründungen können aber auch Willkür verschleiern!). Achten Sie aber dabei auf einige Punkte:

- Begründungen sind keine langatmigen Erklärungen. Begründen Sie nur, warum Sie etwas tun (Ichbotschaften), zum Beispiel: »Ich möchte, dass du den Pullover anziehst, damit du warm genug bist.« Nicht so gut wäre: »Ich möchte, dass du den Pullover anziehst, weil dein Husten sonst schlimmer wird.«
- Begründungen können Erwiderungen zur Folge haben. Gestehen Sie Ihrem Kind das zu. Vielleicht meint Ihr Kind, es sei warm genug. Prüfen Sie das, und nehmen Sie es ernst. Wenn Ihr Kind warm ist, braucht es keinen Pullover, selbst wenn es Husten hat! Vermeiden Sie aber Diskussionen, in denen ein »ja aber« das andere heraufbeschwört.
- Begründungen müssen der Verstandesebene des Kindes entsprechen. »Ich möchte, dass der Arzt dir Blut abnimmt, weil er dann die richtige Medizin für dich finden kann.« Nicht: »Ich möchte, dass der Arzt dir Blut abnimmt, weil er die Allergiewerte braucht.«
- Begründungen können verstanden werden, müssen es aber nicht. Ebenso wenig müssen die Kinder Ihre Begründung – ob mit oder ohne Einwand – akzeptieren.
- Manchmal ist die einzig richtige Begründung: »Ich möchte das, weil ich es für richtig halte.« Viele Diskussionen entste-

hen nur, weil Kinder so lange die von Eltern vorgeschobenen Begründungen aus dem Weg räumen, bis sie diesen Satz sagen.

**▶ BEISPIEL**

»Ich möchte nicht, dass du am CD-Player spielst, weil er sonst kaputtgehen könnte.«
»Ich bin aber ganz vorsichtig.«
»Aber du weißt nicht, wie er richtig funktioniert.«
»Doch, ich habe beim Papa zugeguckt.«
»Das ist nicht dasselbe!«
»Aber ich weiß, wo es angeht!«
»Aber die CD muss man auch ganz vorsichtig anfassen, das ist zu schwer für dich.«
»Der Papa hat mir aber gezeigt, wie man die anfassen soll.«
»Himmel, Kind, ich möchte es nicht, weil ich es nicht will, und damit basta!«

Jetzt ist die Mutter aufgebracht, was den Interessenkonflikt nur noch verschärft. Der an sich richtige Satz verleitet zum Machtkampf. Hätte die Mutter von Anfang an gesagt, dass sie über ihren CD-Player selbst entscheidet und nicht möchte, dass damit gespielt wird, hätte es keine Diskussion gegeben. Das Kind hätte vielleicht nach dem Warum gefragt. Ist die Mutter sicher in ihrer Entscheidung, kann sie wiederholen: »Weil es mein CD-Player ist.« Ist sie durch das Warum unsicher geworden, kann sie überlegen: Ist mein Kind wirklich zu klein, um mit dem CD-Player umzugehen? Habe ich Zeit und Geduld, ihm die Bedienung zu erklären? Will ich das Risiko tragen, dass er kaputtgehen könnte? Solche Klärungen sind sicher zeitaufwendig, aber sie nehmen beide Bedürfnisse ernst, ohne die Autorität der Mutter aufzugeben oder zu missbrauchen.

Viele »moderne« Eltern mögen diesen – ehrlichen – Grund nicht aussprechen, weil Kinder darauf sagen können (und es oft tun): »Immer muss ich machen, was du willst.« Dieser Vorwurf kommt den Eltern bedrohlich vor, weil er sie als tyrannische Despoten abstempelt, und das wollen sie doch um jeden Preis vermeiden. Sie können den Vorwurf jedoch auch als Ausdruck der Gefühle ihres Kindes auffassen und so stehen lassen. Sein Unmut dürfte verständlich sein, denn es muss ja in dem Moment auch nachgeben. Die Verwendung des Wortes »immer« kann Ihnen zeigen, dass Kinder totale Empfindungen haben. Ihrem Kind kommt es im Moment so vor, weil der Moment so total ist. Wenn Sie also der Vorwurf, Sie seien ein Tyrann, sehr stört, prüfen Sie ihn, und sichern Sie sich ab. Aber umgehen Sie ihn nicht.

Zu viele Erklärungen haben manchmal auch den Grund, dass Eltern die Verantwortung für eine Entscheidung nicht allein tragen wollen. Sollen sie darauf bestehen, dass das Gemüse gegessen wird? Sie hoffen, ihre Entscheidung von ihrem Kind abgesegnet zu bekommen. »Wenn mein Kind mich versteht, es also weiß, dass alles nur zu seinem Besten ist, ist es mir auch nicht böse/ist das Vertrauen in mich nicht gefährdet.« So etwa lautet der Trugschluss. Aber: Sie überfordern damit Ihr Kind! Ihr Kind darf Ihre Entscheidung beeinflussen wollen und sie auch tatsächlich beeinflussen. Aber die Verantwortung dafür tragen immer Sie.

### *Auch Streiten will gelernt sein*

Konflikte sind an sich nichts Schlechtes, können sogar das Gegenteil sein: Im Konflikt wird das eigene Interesse vertreten. Er ist also Ausdruck von Selbstachtung. Konflikte machen andere Interessen klar. Das heißt, es gibt mehr als nur meine Meinung. Durch Konflikte kann sich die eigene Meinung ändern. Daran wächst man und lernt die Achtung vor anderen. Die eigene Meinung kann sich durchsetzen. Das stärkt unser Selbstvertrauen. Durch Konflikte können wir lernen, Kompromisse zu erarbeiten und zu akzeptieren.

Solche Konflikte sind konstruktiv. Sie sind notwendig für das Miteinander verschiedener Individuen. Nur durch Konflikte und ihre Klärung kommt jeder zu seinem Recht.

Die häufigsten Gründe gegen effektives Streiten:

- Sie haben nicht gelernt, Konflikte als positiv anzusehen.
- Sie haben nicht gelernt, wie man sich konstruktiv auseinander setzt.
- Sie erkennen nicht, wann Sie sich in einem Machtkampf befinden.
- Sie erkennen nicht, wo das Problem liegt.
- Sie verwechseln Kritik an der Sache mit Angriffen auf Ihre persönliche Integrität.

Der letzte Punkt ist am tiefsten in uns verankert. Deshalb möchte ich besonders darauf eingehen und erklären, wie es zu dieser Verwechslung gekommen ist. In unserer Kindheit galten wir als Person mit einem von anderen geschätzten Selbst noch recht wenig. Wir mussten erst zu einer Persönlichkeit erzogen werden, so die Annahme. Uns wurden zwar im Gegensatz zum letzten Jahrhundert schon eigenständige Charakterzüge und Menschenwürde zugesprochen, aber trotzdem galt es, die wilden Triebe in uns zu bekämpfen, statt ihrer zivilisatorische Errungenschaften einzupflanzen und Machtansprüche Älterer zu rechtfertigen. Wie oft mussten wir schon als Kleinkinder lernen, dass unsere Bedürfnisse nichts galten und beispielsweise Fütterungszeiten und Mengen, die andere bestimmten, den Vorrang hatten? Wie oft wurden uns sogar Empfindungen abgesprochen, die andere gar nicht beurteilen konnten (und wie häufig machen wir es noch genauso?): »Du kannst doch jetzt nicht schon wieder Hunger haben ... Dir ist doch bestimmt kalt, du merkst es nur nicht ... Das schmeckt doch gut ... Ach, komm, schmusen ist doch schön ... Die Sonja ist doch ein liebes Mädchen ... Das tut doch gar nicht so weh ... Das ist doch kein Grund zum Traurigsein ...«

Diese persönlichen Verletzungen, dazu der Einsatz von Strafen, Schlägen und Liebesentzug, schwächen jedes Selbstwertgefühl. Es wurde mit sachlichen Argumenten Kritik an der Person geübt (es sei zu ihrem Besten, Kinder müssten lernen, wer das Sagen hat ...). Es wurde also genau das gelernt, was Erwachsenen heute in Konfliktsituationen im Wege steht. Deshalb: Wenn Kinder sich gegen solche Aussagen wehren, haben sie Recht! Egal wie alt sie sind.

Wie Sie »besser« streiten lernen können:

- Versuchen Sie, Ihren eigenen »falschen« Argumenten auf die Schliche zu kommen.
- Versuchen Sie, die sachlichen Argumente eines Streites herauszufinden und dabeizubleiben.
- Sprechen Sie von sich, von Ihren Gefühlen. Die kann Ihnen niemand streitig machen (Ichform verwenden).

- Wenn Sie nicht mehr weiterwissen, nehmen Sie sich eine »Auszeit« zum Nachdenken.
- Hören Sie anderen zu.
- Beharren Sie darauf, Missverständnisse richtig zu stellen.
- Vermeiden Sie Machtkämpfe. (Sie können sie daran erkennen, dass es letztlich darum geht, wer Recht hat.)
- Verhalten Sie sich in jedem Konflikt so, gegenüber Ihrem Partner, Ihrem Kind oder wem auch immer. Gerade in Partnerstreitigkeiten kann ein Kind viel Streitverhalten abgucken.

Es gibt selbstverständlich noch mehr Punkte, auf die Sie achten können, aber da möchte ich Sie auf die Literaturliste im Anhang verweisen. Nur noch eines zum Schluss:

Die meisten von uns streiten nicht aus einer souveränen, selbstsicheren und toleranten Position heraus. Wir sind gerade ungeduldig, ärgerlich, unsicher, unklar, stur, machtbesessen, rechthaberisch, ängstlich, daran interessiert Dampf abzulassen … und was es an unangenehmen Zuständen noch gibt. In Bezug auf unsere Kinder meinen wir allzu oft, unnachgiebig sein zu müssen, sonst würde uns »das Heft aus der Hand genommen«. Das ziehen wir durch, auch wenn wir längst erkannt haben, dass wir im Unrecht sind. Doch irgendwann ist auch der dickste Krach vorbei. Und dann gilt: Um Verzeihung bitten!

Verzeihen Sie zuerst im Stillen sich selbst. Dann entschuldigen Sie sich bei Ihrem Kind. Übernehmen Sie die Verantwortung für den Streit. Sie können Ihrem Kind erklären, dass Sie nervös/müde/traurig waren, aber machen Sie nicht sein Verhalten für den Streit verantwortlich (»Ich musste so sein, weil du so warst.«). Zum Schluss müssen Sie beide erleichtert sein.

## Veränderungen brauchen Zeit

Wahrscheinlich werden Sie jetzt stöhnen und sagen: »Das schaff ich nie.« Aber Sie brauchen nur zwei Dinge dazu: den Willen, es jeden Tag ein bisschen besser zu machen, und Zeit.

Jede Veränderung braucht Zeit. Hören Sie nicht auf das Teufelchen, das Ihnen einflüstert, Sie hätten diese Zeit nicht. Nehmen Sie sich diese Zeit, sie gehört ganz direkt Ihrem Leben. Jede Veränderung zieht Rückschläge nach sich, und jede Veränderung ist mit Zweifeln behaftet.

Und was ist mit der Vergangenheit? Kann man da etwas gutmachen? Nein. Aber es ist wie beim Streit. Sie können sich verzeihen, über Fehler trauern und anfangen, es besser zu machen. »Aber wenn ich nicht schnell genug bin und sich trotzdem noch Fehler an Fehler reiht, werden meine Kinder dann nicht doch irgendwie gestört?« Das mögen sich auch viele Eltern fragen. Dazu: Kinder können eine ganze Menge an Irrtümern und Fehlern einstecken und müssen das für ihr Überleben sogar. Wenn Sie dafür sorgen, dass Ihr Kind nicht dauerhaft und grundsätzlich in seiner Würde und Selbstachtung verletzt wird, haben Sie das Nötigste getan. Wenn Sie sich darüber hinaus noch um Ihre eigene Entwicklung kümmern, machen Sie nicht nur sich selbst, sondern auch Ihrem Kind ein großes Geschenk fürs Leben.

# *Von Aggression bis Zähneputzen*

## Aggression

Der Grund für manche schmerzhafte Aktion von Kleinkindern an anderen ist nicht etwa Aggression, sondern es geht ums pure Ausprobieren: Toll, wie Mama schreit, wenn ich an den Haaren ziehe. Ob sie das immer macht? … Interessant: Tobias schreit, wenn ich ihm die Schippe überziehe … Hmm, wie gut sich das anfühlt, in Papas Bein zu beißen … warum sagt der aua, das war doch schön?

Mit solchen Experimenten mag es anfangen. Wenn Sie aber echte Reaktionen folgen lassen, gepaart mit der ernsten Information, dass Sie so etwas nicht möchten, werden diese Phasen schnell vorübergehen (bis zu 2 Monate können solche Beiß-/Hau-/Kneif-/Umstoß- oder Haarezieh-Phasen dauern). Manchmal hilft den Kindern aber erst ein »Erspüren« dessen, was sie tun, um es zu verstehen. Das heißt, Sie können Ihr Kind – ohne Aggression Ihrerseits und nicht sehr schmerzhaft! – spüren lassen, wie sich Haareziepen oder Beißen anfühlt.

Es gibt noch andere Arten von Aggressionen bei kleinen Kindern: Wutanfälle, Rangeleien, Ameisen tottreten, aggressive Arten zu spielen, als Liebkosung getarnte Würgegriffe, Störaktionen bei anderen … Das ist zunächst auch ganz normal so, denn Aggressionen gehören zu uns – wie alle anderen Gefühle auch. Je offener wir Eltern damit umgehen können (und unsere eigenen Aggressionen eingestehen), umso eher lernen unsere Kinder ihre aggressiven Gefühle kennen und können dadurch auch mit ihnen umgehen. Sie lernen, Aggressionen in Spielsituationen umzulenken (kämpfende Tiger spielen), in Worten auszudrücken, innerhalb bestimmter Grenzen auszutoben (»fair« zu kämpfen, ein »ich will nicht mehr« zu akzeptieren, nicht auf Verletzungen aus zu sein). Wenn Aggressionen dagegen grundsätzlich tabuisiert werden (»Bei uns wird nichts Aggressives gespielt, wild toben fällt aus, und Waffen aller Art gibt es schon einmal gar nicht.«), führt das nicht etwa dazu, dass sie von vornherein verhindert werden. Sie werden nur unterdrückt. Die Folge ist, dass die Aggression sich andere Wege sucht (krank werden = Aggression gegen sich selbst, heimlich kneifen, bei anderen Spielzeug zerstören …) oder es entsteht ein Machtkampf um das Tabu.

Die Aggressionen unserer Kinder zeigen uns, was sie nicht sagen können. Sie geben Auskunft über ihre Befindlichkeit und tragen oft die Information über die Ursache in sich. Sie herauszufinden ist nicht immer leicht, und manchmal weiß man beim besten Willen nicht, warum ein bestimmtes Verhalten plötzlich auftritt. Sie können sich Folgendes fragen:

- Bekommt mein Kind genug Aufmerksamkeit?
- Gibt es in letzter Zeit belastende Umstände (neues Geschwister, Mutter geht wieder arbeiten, Kindergarten hat angefangen, häufige Elternstreitereien …)?
- Wenn Ihr Kind eines ist, das viel über den Körper auslebt: Tobe ich genug mit ihm? (Kissenschlachten, Raufereien …)
- Darf mein Kind laut und wild sein, oder finde ich grundsätzlich solche Temperamente störend? Wenn ja, warum?
- Wird mein Kind durch etwas oder jemanden überfordert? (Ältere Geschwister, zu viel geistige Ansprache und gleichzeitig zu wenig freies Spiel, Möglichkeiten, Dinge in Ruhe auszuprobieren oder sich körperlich auszulasten, zu viel Fernsehen, die falschen Filme, Probleme mit Freunden …)

Nun kann es trotzdem sein, dass Sie den Grund der Aggression Ihres Kindes nicht kennen. Sie können ihm aber zeigen, dass Sie seine »Zeichen« ernst nehmen, auch ohne zu wissen, was es meint: »Ich sehe, dass dich etwas ärgert. Ich weiß nicht genau was, aber ich versuche es herauszufinden.«

**▶ BEISPIEL**

Jenny rennt herum, schreit oder wirft Stühle um, sobald in der Mini-Gruppe das gemeinschaftliche Singen anfängt. Da Jenny gern singt und die Lieder der Gruppe zu Hause auch singen mag, kann es sein, dass ihr das Gruppensingen zu laut ist. Vielleicht ist es ihr auch zu schnell. Sie mag gern mitsingen, schafft es aber nicht in dem Tempo und schreit aus Frustration. Vielleicht hat sie aber auch das Gefühl, dass sie etwas leisten muss, und mag das nicht. Welche Möglichkeiten Ihnen für Ihr Kind auch in den Sinn kommen, Sie können es (ab ca. 1½) konkret fragen: »Jenny, magst du das Singen nicht?« – schüttelt den Kopf – »Ist es zu laut?« – schüttelt den Kopf – »Magst du lieber mit mir allein singen?« – Nickt.

Jetzt weiß die Mutter zwar immer noch nicht genau, warum Jenny das Allein-Singen vorzieht, und das wird sie Jenny auch nicht fragen können, aber sie kann daraufhin Maßnahmen ergreifen:

Wenn es ans Singen geht, bietet die Mutter Jenny an: »Wenn alle singen, geht es nicht, dass du schreist. Möchtest du ruhig dabeisitzen oder vor der Tür warten, bis sie fertig sind?« Falls Jenny sich für das Schreien entscheidet, muss die Mutter mit ihr vor die

Tür, auch wenn sie das mehrmals machen muss. Vielleicht braucht Jenny diese Zeit, bis sie die Konsequenz richtig versteht (dazu muss sie sie erleben!) und ihre Wahl treffen kann. Die sollte die Mutter ihr lassen.

## Alles haben wollen

Bis sie etwa zwei Jahre alt sind, fällt es Kindern schwer zu verstehen, was Abgeben, kurz Hergeben, Ausleihen und Teilen bedeutet. Zeitvorstellungen werden erst langsam gebildet, der Unterschied zwischen Besitzen und Benutzen ist bisweilen sogar noch Erwachsenen unklar. Wenn Ihr Kind zu denen gehört, die in diesem Alter besonders besitzergreifend sind, fassen Sie das am besten gelassen auf. Machen Sie immer wieder Versuche, das Abgeben und Teilen zu üben: Kaufen Sie eine Brezel für zwei Kinder, kündigen Sie an, dass Sie gleich jedem eine halbe geben werden. Lassen Sie Ihr Kind wenn möglich selbst die halbe Brezel überreichen. Zeigen Sie Ihre Freude, wenn Ihnen Ihr Kind etwas gibt, teilen Sie Ihr Frühstücksbrot/sein Gläschen mit Ihrem Kind, fragen Sie immer wieder danach, ob Ihr Kind vielleicht tauschen möchte, wenn es etwas nicht hergeben will. Für Ihr Kind bedeutet das Weggeben einer Sache einen Verlust. So etwas verkraften zu lernen ist schwer. Vielleicht hat Ihr Kind zurzeit ohnehin an einem Verlust zu knabbern: neues Geschwisterkind, Trennung der Eltern, großes Geschwisterkind ist in den Kindergarten gekommen … Da kann es etwas länger dauern, bis es sich stabilisiert.

Etwas in Besitz zu nehmen kann auch bedeuten, sich Sicherheit zu verschaffen. So ist es vielleicht zu erklären, wenn Ihr Kind sofort alle Sachen an sich reißt, sobald es in eine andere Umgebung kommt. Hier kann es hilfreich sein, immer ein Schmusetier mitzunehmen oder ein bestimmtes Spielzeug für Ihr Kind zu reservieren.

## Albträume

Gelegentliche Alb- oder Angstträume haben Kinder etwa ab dem dritten Lebensjahr. Sie finden meist in der zweiten Nachthälfte statt, also in der Zeit, in der das Kind am tiefsten schläft. Das Kind wacht auf, schreit oder weint und hat sichtlich Angst, die auch noch anhalten kann, wenn der Traum vorbei ist. Manche Kinder können über den Traum sprechen, andere können sich nicht erinnern. Sie nehmen die Eltern wahr und wollen sich trösten lassen. Wenn Ihr Kind einen Albtraum hat, können Sie Folgendes tun:

Nehmen Sie seine Angst ernst. Sagen Sie nicht: »Du brauchst doch keine Angst zu haben.« Für Ihr Kind ist die Situation real. Lassen Sie sich auf seine Ebene ein, und bekämpfen Sie von dort aus eventuelle Bedrohungen. Sie können zum Beispiel Monster oder wilde Tiere verjagen helfen, dem Kind ein »Schutztier« mit ins Bett geben, es durchs Zimmer tragen und zeigen, dass der Tiger nun weg ist, einen Monstersperrzauber ums Bett legen … Ihrer Fantasie sind keine Grenzen gesetzt.

Nachdem sich seine Angst gelegt hat, machen Sie etwas Vertrautes mit ihm: etwas zu Trinken geben, auf Toilette gehen, noch ein kurzes Lied singen, ihm sagen, auf was es sich am nächsten Tag freuen kann …

Analysieren Sie seinen Traum nicht. Wenn Sie einen Zusammenhang zwischen tagsüber Erlebtem sehen, sprechen Sie das am nächsten Tag an. In der Nacht überfordern Sie Ihr Kind damit.

Wenn Ihr Kind einen immer wiederkehrenden Albtraum oder häufige Albträume hat, möchten Sie sicher wissen, was dahinter steckt. Da Träume aber verschlüsselte Botschaften sind, ist das nicht immer ganz leicht. Wovon Sie sicher ausgehen können, ist:

In Angstträumen erlebt sich der Träumende ausgeliefert und ohnmächtig. So ähnlich wird er die auslösende Situation empfunden haben.

Sie können mit Ihrem Kind am Tag allgemein darüber sprechen, was ihm Angst macht, oder ob es eine Situation (im Kindergarten) gab, die schlimm für es war. Sie können auch konkret über den Traum sprechen und Fragen stellen (solange Ihr Kind sich nicht sperrt).

Sie können Ihr Kind in die Lösungssuche mit einbeziehen, indem Sie es fragen, was es selbst denn meint, wie man das Monster überlisten könnte/es verhindern könnte, dass die Wölfe ins Zimmer können …

Neben dem Albtraum gibt es noch den Nachtschreck (Pavor Nocturnus). Er unterscheidet sich dadurch, dass er schon ein bis vier Stunden nach dem Einschlafen auftritt. Das Kind schreit panisch, erkennt die Eltern nicht, Tröstversuche oder Körperkontakt verschlimmern höchstens die Panik, das Kind lässt sich nicht wecken. Den Nachtschreck können alle Kinder zwischen 2 und 6 Jahren haben, er dauert zwischen 5 und 15 Minuten und hört so schnell wie er kam von selbst auf. Die Eltern können und sollten nichts unternehmen. Das Kind erinnert sich am nächsten Tag nicht daran. Ärzte halten den Nachtschreck für ungefährlich.

## Ängste

Ängste, so möchte ich Sie gleich beruhigen, gehören zu unserem Leben und haben in erster Linie eine Warn- und Schutzfunktion. Sie machen uns darauf aufmerksam, dass wir uns einer Situation nicht gewachsen fühlen. Als Folge davon werden wir besonders vorsichtig, oder wir vermeiden die Situation ganz. Diese Reaktion ist beabsichtigt, denn ein von Angst beherrschtes Handeln ist unkonzentriert, fehlerhaft, wenig befriedigend und kann sogar unser Leben bedrohen. Kinder sind diesen Gefühlen viel häufiger ausgesetzt als Erwachsene, denn sie erfahren Tag für Tag Neues. Und das ist eben nicht nur aufregend und toll, sondern auch ungewohnt und Angst einflößend.

**▶ BEISPIEL**

»Alice hat Angst vorm Klettern. Sie traut sich nicht einmal, die kleine Rutsche hochzusteigen, obwohl es ihr Spaß macht herunterzurutschen, wenn ich sie oben hinsetze. Ich habe schon alles versucht: Gut zureden, vormachen, auf andere Kinder verweisen, sogar ihre Beinchen und Hände habe ich eins vor das andere gesetzt, damit sie weiß, wie man sich bewegt. Aber nichts hat geholfen. Jetzt ist sie drei geworden und kommt bald in den Kindergarten. Wenn sie dann noch nicht klettern kann, ist das bestimmt von Nachteil.«

So können Sie Ihrem Kind am besten helfen: Verstehen oder respektieren Sie seine Ängste. Bei Alice ist nicht klar, warum sie diese Angst hat. Vielleicht ruft der Blick durch die Klettersprossen oder -stufen nach unten in ihr ein Gefühl von »Losgelöstsein« hervor, das ihr Angst macht. Denn sobald sie auf der Rutsche sicher eingerahmt sitzt (Bodenkontakt), ist ihre Angst weg.

**WICHTIG**

Wenn Sie eine Angst nicht nachvollziehen können, versuchen Sie sie dennoch zu respektieren. Jeder Mensch hat andere Ängste. Machen Sie sich klar: Ihr Kind sollte gerade bei Ängsten eine Vertrauensperson in Ihnen haben! Das erreichen Sie nur mit Verständnis.

Bieten Sie Ihrem Kind schrittweise Hilfen an. Lassen Sie aber Ihr Kind das Tempo bestimmen. Alice könnte unterstützt werden, indem die Mutter sie (an der Hand) auf Mäuerchen oder kleinen Baumstämmen laufen lässt. Oder sie erklimmt einen vertrauten Stuhl. Machen Sie aber kein Training daraus. Spielerische Aktionen sind besser. (»Lass mich mal schauen, bis wohin du mir reichst, wenn du auf dem Stuhl stehst … Komm, wir spielen Zirkus, und du bist Artistin …«)

Akzeptieren Sie ein Nein bedenkenlos. Warten Sie nach einer Weigerung ruhig mehr als eine Viertelstunde mit einem neuen Versuch. Warum nicht drei Tage oder eine Woche vergehen lassen?

Handeln Sie nicht für Ihr Kind. Überlassen Sie es ihm selbst, die angstbesetzte Situation zu überwinden, sonst hat es kein Erfolgserlebnis, und die Angst bleibt.

Im Beispiel von Alice hat die Mutter deren Beinchen auf die nächste Stufe gesetzt. Das hilft nichts. Alice weiß außerdem, wie man steigt, das tut sie bei Treppen ja auch. Solche Handlungen werden von den Kindern höchstens als Missachtung ihrer Gefühle wahrgenommen.

Lassen Sie Ihr Kind bei der Lösung mitarbeiten. Sie können auch kleine Kinder schon fragen: »Wie kann ich dir helfen … Was könnte dir helfen … Was willst du jetzt tun …«

Lassen Sie sich nicht durch Normen oder Äußerungen unter Druck setzen. Alice zum Beispiel wird im Kindergarten nicht in Not geraten, weil sie nicht klettern kann oder mag. Keiner wird sie zwingen, und beim Draußenspielen gibt es viele andere Möglichkeiten, Spaß zu haben. Den Druck, den solche Ansprüche in Ihnen erzeugen, geben Sie außerdem (bewusst oder nicht) an Ihr Kind weiter. Schließlich kann es dann sein, dass Ihr Kind gar keine Angst mehr vor einer Situation hat, sondern nur Ihrem Druck widerstehen will. Auch Äußerungen von anderen sollten Sie locker nehmen. Wenn jemand Ihr Kind negativ beurteilt, verteidigen Sie es. Sagen Sie zum Beispiel: »Ja, Matthias hat im Moment noch Angst vor Wasser. Das darf er aber ruhig. Jeder kann etwas anderes besser, er wird später sicher mehr Spaß daran finden.« Verhindern Sie, dass »Abhärtungsmaßnahmen« durchgeführt werden. Jeden Sommer sehe ich, wie einige Väter ihre teilweise noch sehr kleinen Kinder unter deren Angstgeschrei untertauchen, durchs Wasser ziehen und dergleichen.

Überprüfen Sie Ihre eigenen Ängste: Sind Sie sicher, dass Sie keine Angst haben, Ihr Kind der Tagesmutter/dem Babysitter zu überlassen? Vielleicht ist es wirklich nicht der richtige Babysitter, vielleicht hilft ein klärendes Gespräch mit der Tagesmutter (wenn es geht, ohne Kind). Fühlen Sie sich auch nicht so wohl im Wasser, oder haben Sie Angst vor Hunden? Ihre Ängste machen wahrscheinlich auch Ihr Kind unsicher. Sie können sich helfen, indem Sie eine andere Vertrauensperson mit Ihrem Kind ins Wasser lassen oder von Ihrer Hundeangst erzählen und Bilderbücher zum Thema anschauen.

**Irreale Ängste**

Die meisten Ängste, die ich bisher angesprochen habe, waren reale Ängste. Sie machen jedoch nur einen Teil aus. Zum anderen gehören die irrealen Ängste wie Fantasien über Gespenster oder die Angst, in die Toilette gespült zu werden, wenn man beim Wasserziehen noch darauf sitzt. Grundsätzlich gelten aber auch bei diesen Ängsten die oben genannten Regeln. Nur eine Besonderheit kommt noch dazu:

Sie können Ihr Kind nicht von der Sinnlosigkeit dieser Ängste überzeugen. Ihr Kind erlebt die Gespenster als wirkliche Bedrohung! Hier können Sie nur helfen, indem Sie die Gespenster akzeptieren und gemeinsam mit Ihrem Kind Strategien entwickeln, wie Sie die Unholde vertreiben können.

(Siehe auch die Stichworte »Albträume«, S. 72ff., »Fremdeln«, S. 94ff., »Kindergarten«, S. 99ff., und »Klammern«, S. 103ff., sowie die Kapitel »Das vorsichtige Kind«, S. 31f., und »Wenn Sie nicht mehr weiterwissen«, S. 135ff.)

## Ausnahmen

»Ausnahmen bestätigen die Regel.« Das ist ein hilfreiches Sprichwort, denn es rechtfertigt im Grunde jede Ausnahme. Und das möchte ich hier auch tun. Selbst die kleinsten Kinder können Ausnahmen erkennen lernen, wenn Sie sie als solche ankündigen. Ob es das Schlafen im Elternbett betrifft, den Schokoladenkonsum bei Verwandten, die strengen Sprüche des Opas, das Extraeis an der Supermarktkasse, weil Mama heute keine Nerven hat … solange zwischen Kindern und Eltern eine feste Regel herrscht, ist jede Ausnahme drin. Ausnahmen sind willkommene Abwechslungen, ja sogar Erleichterungen vom täglichen Wiederholungsspiel. Aber sie können auch dazu beitragen, eine Regel ins Wanken zu bringen. Das kann manchmal gut sein:

»Normalerweise habe ich Jens immer in den Kindergarten gebracht. Mein Mann muss früher weg, und ich wollte Jens nicht so drängeln. Da ihm außerdem die Trennung noch schwer fiel, dachte ich, dass ich auch zur Verfügung stehen muss, damit wir das zwischen uns klären können. Einmal war ich aber krank, und mein Mann musste Jens mitnehmen. Jens wollte ganz und gar nicht, und wir beknieten ihn, es sei doch nur eine Ausnahme, weil ich krank sei. Im Kindergarten fiel Jens die Trennung vom Vater aber viel leichter. Er ließ sich die folgenden Tage auch besser anziehen, und es war überhaupt kein Stress, wie ich erst dachte. Als ich wieder gesund war, wollte er dann sogar weiter vom Papa gebracht werden. Das haben wir auch gemacht. Wir kommen so alle besser zurecht.«

Es gibt aber auch Probleme mit Regeländerungen. Wenn ein Kind zum Beispiel krank ist und deshalb im Bett der Eltern schlafen darf, gelingt es vielen Eltern nur schlecht, ihr Kind danach wieder ins Kinderbett zu kriegen. Und gerade wenn sie es geschafft haben, kommt die nächste Erkältung und das Ganze geht von vorne los. Dann liegt es im Ermessen der Eltern, was für sie am wenigsten nervenaufreibend ist. Brauchen sie die paar Nächte Ruhe, bevor der nächste Schnupfen sie nachts wieder fordert, oder ist ihnen und dem Kind der Weg zurück zur Regel zu aufwändig? Schließlich soll eine Regel – auf lange Sicht – für beide Parteien Erleichterung bringen und keinen Stress bedeuten.

Noch ein Wort zu Ausnahmen bei anderen Personen. Kinder können verstehen und akzeptieren, dass in anderen Familien oder bei den Großeltern andere Regeln herrschen. Sie erinnern sich bestimmt auch noch an die beliebten Verwöhnaktionen bei Oma, die Ihnen als Kind sogar vor dem Essen Schokolade erlaubte, oder an die strenge Tante, bei der man während des Essens die Hände nicht vom Tisch nehmen durfte. Kinder können da unterscheiden. Sie versuchen später zwar sicher, angenehme Erlebnisse auch zu Hause durchzusetzen, aber schließlich werden sie doch Ihren Einwand akzeptieren, wenn Sie sagen: »Bei uns zu Hause ist es eben anders. Bei Oma darfst du immer Fernsehen gucken. Dafür darfst du aber nicht über die Couch springen.« Diese Fähigkeit schon Zweijähriger, zwischen Handlungen verschiedener Personen unterscheiden zu können, entlastet Sie auch selbst. Sie brauchen dann nicht mehr mit Ihrer Mutter im Clinch zu liegen, weil sie bestimmte Dinge anders macht als Sie. Greifen Sie nur bei eklatanten Unterschieden ein, wie Schlagen, Strafen oder – falls das Kind viel Zeit mit anderen Personen verbringt – auch bei ungesunden Essensgewohnheiten oder Ähnlichem.

## Benehmen

Gutes Benehmen gehört zu den Umgangsformen, die einen Menschen gesellschaftsfähig machen. In jeder Gesellschaft gibt es bestimmte Regeln, die dazu da sind, dem Einzelnen in seiner Würde und Integrität Schutz zu bieten. Anderen Respekt entgegenzubringen und umgekehrt respektables Verhalten erwarten zu dürfen, gibt Sicherheit und bietet jedem den größtmöglichen Raum, um seine Persönlichkeit ausleben zu können. Umgangsformen erlauben und erleichtern also das Zusammensein völlig verschiedener Menschen. Damit ist klar, dass es für den Einzelnen wichtig ist, bestimmte Umgangsformen zu erlernen.

Nur, wann fängt man damit an? Einige meinen, so früh wie möglich, denn auf diese Weise lernt das Kind sozusagen nebenbei, was später wichtig für es ist. Solche Eltern werden nicht müde, ein Jahr lang ihr 1½-jähriges Kind: »Was sagt man?« zu fragen, wenn es etwas bekommen hat. Hätte es nicht gereicht, wenn die Mutter sich für das Kind bedankt hätte? Auf diese Weise lernt das Kind ein bestimmtes Verhalten genauso gut. Wenn die Eltern dann ihr Kind mit 2½ fragen, ob es sein »danke« schon selber sagen möchte, kommen sie sicher genauso weit. Erziehung zu gu-

**UNSER TIPP**

Die »Erziehung« zu gutem Benehmen muss keine direkte Sache sein. Der Vorbildcharakter und die Sorge dafür, dass ein Kind zur rechten Zeit auf bestimmte Auswirkungen seines Verhaltens aufmerksam gemacht wird, helfen weit mehr.

tem Benehmen sollte bei Kindern bis zum Alter von 3½ Jahren nur eine kleine Rolle spielen.

Eine respektvolle Haltung anderen Menschen gegenüber steht hinter guten Umgangsformen. Vor diesem Hintergrund erlerntes Benehmen ist nichts »Aufgesetztes«, sondern eine logische Konsequenz.

Es kann Unterschiede in der Art geben, wie miteinander umgegangen wird. So ist es durchaus möglich, zu Hause andere Tischmanieren gelten zu lassen als im Restaurant oder wenn Gäste da sind. Kinder können das erkennen und sich danach richten.

Es kann natürlich »Ausrutscher« geben, die dann »offenbaren«, wie es bei Ihnen zu Hause »wirklich abläuft«. Wenn Ihnen das zu peinlich ist und Sie deshalb nichts Derartiges riskieren wollen, wäre es besser, Sie verhielten sich privat genauso wie in der Öffentlichkeit. Falls Sie sich in den eigenen vier Wänden aber lieber »gehen lassen« wollen, nehmen Sie am besten gleich die »Ausrutscher« in Kauf. Aber: Spielen Sie in solchen Situationen nicht plötzlich die Strengen, die so tun, als ob das Verhalten Ihres Kindes unmöglich ist und Sie gar nicht verstehen, wie es sich so benehmen kann. Stehen Sie zu Ihrem »Doppelleben«.

## Daumen lutschen oder Schnuller

Das Nuckeln an Daumen, anderen Fingern, Schnuller oder Schmusetuch ist bis zum 4. Lebensjahr die häufigste Art der Entspannung, des Angstabbaus oder der Stressbewältigung. Kinder, die nicht nuckeln, nutzen anderes: Sie wollen getragen werden, legen sich mit dem Lieblingskuscheltier in Mamas Bett, trinken ihr Mittagsfläschchen oder Ähnliches. Jedes Kind braucht – gerade in den ersten Lebensjahren, in denen viel Neues auf es zukommt – solche von ihm selbst gewählten Entspannungshelfer. Falls Ihr Kind also auch noch mit 3 Jahren an seinem Schnuller hängt, brauchen Sie sich keine Sorgen zu machen. In der Regel geht das Verlangen nach dem Nuckeln zurück, je älter das Kind wird. Zu Zeiten, in denen es müde, unsicher oder angespannt ist, wird der Daumen noch immer in den Mund wandern, aber die Zeiten dazwischen werden länger. Manche Kinder brauchen zum Schlafen ihren Schnuller noch bis ins Schulalter. Das Daumenlutschen hält in Einzelfällen sogar noch länger an, weil der Daumen den Kindern immer zur Verfügung steht und von größeren Kindern als weniger babyhaft und damit weniger peinlich empfunden wird. Die häufigsten Argumente und Sorgen, die gegen Schnuller angegeben werden, sind:

- Die Zähne werden schief oder die Sprache undeutlich.
- Das Kind kann sonst später nicht mehr vom Nuckeln lassen.
- Scham darüber, dass ein »so großes« Kind noch so unselbstständig scheint.
- Das Kind könnte gehänselt werden.

### Zähne und Sprache

Der Zahnstand kann vom Nuckeln beeinträchtigt werden. Je älter das Kind ist (bis 4 oder 5 Jahre), umso wahrscheinlicher ist das. Auch lang andauernde Nuckelzeiten (die ganze Nacht durch, den ganzen Tag über) können zu Verformungen führen. Ist Ihr Kind ein Dauernuckler, lassen Sie in jedem Fall halbjährlich den Zahnarzt kontrollieren.

- Durchschnullerte Nächte lassen die Zungenmuskulatur erschlaffen. Das hat Einfluss auf Sprache und Kieferwachstum.
- Wenn Ihr Kind während des Sprechens den Schnuller im Mund behält, kommt es zu undeutlichen Lautbildungen, die dann auch ohne den Schnuller nicht richtig platziert werden. Ihr Kind ist noch in der Phase der Sprachentwicklung und sollte ungehindert sprechen können. Bitten Sie Ihr Kind in jedem Fall, beim Sprechen den Schnuller aus dem Mund zu nehmen.
- Mit Schnullern »stillgestellten« Kindern kann die Lust vergehen, ihre Sprache und Stimme zu erproben.

### Gewohnheit oder Notwendigkeit?

Wenn Kinder andere Möglichkeiten finden, sich zu entspannen oder zu beruhigen oder auch, wenn sie von ihrer Entwicklung her selbstsicherer geworden sind, werden sie meist von ganz allein das Nuckeln lassen. Nur wann das geschieht hängt von der Umgebung und dem Temperament des Kindes ab.

Lassen Sie Ihrem Kind die Zeit, die es braucht, wenn medizinische Gründe keine Eile fordern.

Es geht hier um einen psychischen Entwicklungsschritt. Diese Entwicklungsphasen sind sehr individuell und müssen nicht mit der körperlichen oder geistigen Reife zusammenhängen. Vielleicht ist Ihr Kind vielen Eindrücken gegenüber sehr offen und auch geistig sehr weit. Da kann es sein, dass es gerade bei der gefühlsmäßigen Verarbeitung Unterstützung braucht. Vielleicht ist es in einer belastenden emotionalen Situation? (Geschwisterkind, Trennung der Eltern, Umzug, Kindergarten …) Wenn Sie sicher sind, dass das Nuckeln nur eine Gewohnheit geworden ist,

Ihr Kind sich in allen Gefühlslagen längst selbst helfen kann oder reif genug ist, es zu lernen, können Sie mit ihm zusammen überlegen, wie es sich vom Schnuller/Daumen verabschieden kann. Eine Patentlösung gibt es dabei nicht. Kommt die Schnullerfee? Machen beide einen Zeitpunkt aus? Wird sich stufenweise verabschiedet? Was auch immer Sie verabreden, stellen Sie sich darauf ein, dass der Mut Ihr Kind verlässt, wenn es zu Bett geht. Selbst wenn Ihr Kind schon groß genug ist, fühlt es sich die ersten Male ohne seinen vertrauten Schnuller unsicher und klein. Es wird vielleicht weinen, und es scheint wirklich nicht ohne zu gehen. Bleiben Sie Ihrer zu ruhigeren Zeiten getroffenen Einschätzung gegenüber sicher, lassen Sie aber auch Ihrem Kind seine Gefühle. Schließlich verliert es etwas, ohne zu wissen, was es bekommt. Diese Unsicherheiten werden sich legen, wenn es merkt, dass es ohne Schnuller geht, und wenn es andere Wege zur Beruhigung findet oder Sie sie ihm anbieten: statt nuckeln etwas singen, sich das Bäuchlein reiben, den Teddy trösten, der nun auch ohne Schnuller einschlafen muss, die neue Einschlaflieder-Kassette hören, eine Schmuse- oder Toberunde einlegen …

Artet es trotzdem zu einer Tortur aus, die länger als eine Woche dauert, probieren Sie es Monate später wieder. Wenn Sie einen »Entzug« gegen den Entwicklungsstand Ihres Kindes durchsetzen und ihm auch nichts Beruhigendes anbieten, kann sich die Nuckelgewohnheit verlagern (Fingernägel kauen, verstärkt Süßigkeiten essen, besonders zappelig/aggressiv werden …)

### Hänseleien und Angstmachen

»Du bist doch schon so groß!« Sie schämen sich für sich oder Ihr Kind, weil Ihr Kind noch nuckelt? Wenn Sie meinen, Ihr Kind könnte gut ohne Schnuller leben, dann ermutigen Sie es dazu, ohne es auf eine »Schwäche« hinzuweisen (siehe oben). Es kennt bisher nur diesen Weg, Stress abzubauen, sich zu beruhigen oder zu konzentrieren. Das Nuckeln ist die Möglichkeit, wie sich Ihr Kind in solchen Momenten selbst hilft. Und das ist ja zunächst einmal anerkennenswert. Bewusst eingesetzte Hänseleien oder Drohungen (»... sonst fällt der Daumen ab ...«) sind keine geeignete Strategie, um Ihr Kind vom Schnuller abzubringen!

Wenn Ihr Kind von anderen gehänselt wird, verteidigen Sie es. Sagen Sie etwa: »Ja, Katrin möchte noch ihren Schnuller haben. Jeder hat ja so seine Eigenheiten ...« Und sind Sie einmal nicht dabei, wird Ihr Kind das trotzdem überstehen. Vielleicht ist Katrin der Eindruck, den andere von ihr haben, so wichtig, dass sie das Nuckeln lässt. Dann war es aber *ihre* Entscheidung und *ihr* persönlicher Punkt, an dem sie die Lösung gepackt hat.

## Eifersucht

Wer eifersüchtig ist, fühlt sich zurückgesetzt, er braucht mehr Zuwendung, als ihm zuteil wird. Eifersucht ist ein Gefühl, das mit der Angst vor Verlust gepaart ist. Verlust einer Person, der eigenen Wertigkeit oder des Selbstverständnisses, eine individuelle Persönlichkeit zu sein. Diese Angst ist existenziell, das heißt, dass sie als lebensbedrohlich oder lebenseinschränkend empfunden wird. Sie ist in unserem Wesen verankert und stammt aus unserer Baby- und Kinderzeit, als wir tatsächlich noch abhängig waren von der Fürsorge Erwachsener. Erst im Laufe unseres Lebens, wenn wir ein Selbstwertgefühl entwickeln und unabhängiger werden, fühlen wir uns der Eifersucht nicht so sehr ausgeliefert und können lernen, mit ihr umzugehen. Eifersucht ist also ein Gefühl, das nicht bagatellisiert, sondern ernst genommen werden sollte.

**WICHTIG**

Besonders kleine Kinder erleben Eifersucht immer als existenziell. Sie brauchen Ihr Verständnis dafür. Dieses Verständnis sollte alles Fühlen und Wünschen Ihres Kindes einschließen, selbst den Tod des Geschwisterkindes. Sie können ihm trotz Ihres Verständnisses bei Taten Grenzen setzen (siehe S. 39ff.).

Eifersüchtig kann Ihr Kind sein, wenn Sie sich um ein anderes Kind aus der Krabbelgruppe kümmern, Ihre Aufmerksamkeit einem Telefonat gilt, Sie sich freuen, – ohne es – zur Arbeit zu gehen, und natürlich am häufigsten dann, wenn ein neues Baby da ist. Wie sich Eifersucht äußert, ist von Kind zu Kind verschieden:

- Es zeigt regressives Verhalten (will wieder Baby sein oder verlangsamt seine Entwicklung).
- Es versucht, sich seinen Platz als »Mutter« zu sichern und ist übertrieben fürsorglich. Dadurch ist es Ihnen nah.
- Es ist offen (beißen …) oder verdeckt (das Liebkosen ist eher ein Erdrücken …) aggressiv gegenüber dem Baby.
- Es ist offen (haut Sie) oder verdeckt (hört nicht mehr auf Sie, verlangt Aufmerksamkeit durch Störungen) aggressiv gegen Sie.
- Es zieht sich auffällig zurück.
- Es ist besonders anhänglich.

Wie auch in anderen Situationen, fällt es natürlich oft schwer, genau zu erkennen, ob einem Verhalten Eifersucht oder anderes zugrunde liegt. Will Tom nicht aufs Töpfchen, weil er wie das Baby gewickelt werden möchte, oder ist er einfach noch nicht so weit? Fällt Julia das Teilen schwer, weil sie sich gerade in der entsprechenden Entwicklungsphase befindet, oder ist dieses »Festhalten« eifersuchtsbedingt? Haben Sie manchmal ein schlechtes Gewissen, weil das zweite Baby so schnell nach dem ersten kam? Dann neigen Sie vielleicht dazu, eher Eifersucht als Grund für die Aggressionen Ihres älteren Kindes anzunehmen. Halten Sie sich in solchen unsicheren Situationen an das, was feststeht: Tom mag noch nicht sauber werden, und Julia kann sich zurzeit schlecht von ihren Spielsachen trennen. Wenn Sie Ihr Handeln davon bestimmen lassen, können Sie nicht viel falsch machen: Lassen Sie Tom also Zeit. Ermutigen Sie Ihn in Abständen (8–12 Wochen) dazu, es noch mal mit dem Töpfchen zu versuchen. Oder suchen Sie mit Julia zusammen Spielsachen aus, die sie auf keinen Fall teilen muss.

So können Sie außerdem mit Ihrem eifersüchtigen Kind umgehen: Siehe Beispiel Seite 88.

### Aktives Zuhören

Zeigen Sie Ihr Verständnis durch aktives Zuhören. Mit aktiv ist gemeint, dass Sie für Ihr Kind dessen Gefühle in Sprache ausdrücken. Diese Form von Zuhören ist grundsätzlich geeignet, um mit Kindern zu sprechen.

Jetzt können Sie ein Angebot machen, um die »Leidenszeit« Ihres älteren Kindes während des Stillens zu entschärfen (ein Buch in der Zeit anschauen, auf die Kuschelzeit nach dem Stillen

> **▶ BEISPIEL**
>
> »Maria, kann es sein, dass es dir gar nicht gefällt, wenn ich den Alexander stille?«
> *Nicken*
> »Dann fühlst du dich allein?«
> *Ja*
> »Du möchtest lieber auch bei mir sein und kuscheln?«
> *Nicken*
> »Und weil du das nicht kannst, ärgert es dich so, dass du alle meine CDs ausräumst?«
> *Zustimmung im Blick*
> »Das verstehe ich gut, wenn du dich so fühlst.«

verweisen). Nur dadurch weiß Ihr Kind, dass Sie seine Situation verstehen. Es muss dann sein störendes/regressives/sich zurückziehendes Verhalten nicht fortsetzen. Denn die Störungen dienen ja dazu, Sie auf seine Gefühlslage aufmerksam zu machen. Wenn Sie Ihr Verständnis aktiv zeigen, braucht es das oft nicht mehr.

Sie können auf diese Weise auch die Tätlichkeiten Ihres älteren Kindes gegen das Baby ansprechen. Danach machen Sie aber deutlich, dass Sie es nicht mögen, wenn es sein Geschwister beißt oder Ähnliches.

**Weitere Tipps**

- Bestrafen oder schimpfen Sie Ihr Kind nicht. Das bestärkt nur seinen Eindruck, nicht mehr so wichtig zu sein.
- Loben Sie seine Eigenständigkeit, und zeigen Sie ihm die Besonderheiten seines »Großseins«. (»Du darfst schon mit Papa

einen ganzen Tag zur Oma gehen. Deine Schwester ist aber noch zu klein und muss zu Hause bleiben.«)

- Lassen Sie Ihr Kind an der Versorgung des Babys teilhaben.
- Wenden Sie sich in der babyfreien Zeit Ihrem älteren Kind zu. Lassen Sie den Haushalt (noch) öfter Haushalt sein.
- Befreien Sie sich so oft wie möglich von schlechtem Gewissen. Ihr Kind spürt Ihr schlechtes Gewissen und kann es als Bestätigung der »furchtbaren« Situation auffassen, in der es sich empfindet. Ihr Kind hat Zeit mit Ihnen verloren, aber es hat ein Geschwister bekommen! Das ist auch ein Geschenk für sein Leben.

## Essen

Dem ewigen Kampf ums Essen liegen drei elterliche Sorgen zugrunde: Sie gelten dem, was die Kinder essen, wie sie es tun und wann sie es wollen. Und die Fragen hierzu stellen sich bereits ab dem ersten Lebenstag.

**▶ WICHTIG**

Kinder können sofort nach ihrer Geburt selbst entscheiden, was ihnen schmeckt und wann sie Hunger haben oder satt sind (dies ist durch Untersuchungen abgesichert). Berücksichtigt man ihre Vorlieben und Abneigungen, kommt eine – im Durchschnitt – ausgewogene Ernährung für das betreffende Kind dabei heraus.

Mit dieser These kann der größte Druck in Sachen Essen von den Eltern genommen werden. Der Druck nämlich, der entsteht, weil wir für die Gesundheit unserer Kinder verantwortlich sind und wir wissen, welche Mängel von heute morgen schlimme Auswirkungen haben können. Diese These hört sich schön an, trifft aber auf meine Tochter bestimmt nicht zu! Das dachte ich bis vor kurzem. Daher an dieser Stelle ein Erfahrungsbericht:

Meine Tochter hat eine ausgesprochene Vorliebe für Süßes, allem voran Schokolade in jeder Gestalt, Fett (Butter pur), Breie, Nudeln und Milchprodukte. Davon ernährte sie sich fast ausschließlich bis zum Alter von 3½ Jahren. Als sie drei war, habe ich ihr einmal zehn Tage völlig freie Hand bei der Auswahl gelassen. Das kam mir vor wie Jahre, und es kam nichts Ausgewogenes dabei heraus! Die These schien mir widerlegt. Was ich aber nicht bedachte war Folgendes:

- Das elterliche Essverhalten, Vorlieben/Abneigungen und kulturelle Gegebenheiten beeinflussen den Geschmack der Kinder.
- Verbote steigern die Lust, Drängen steigert die Unlust.
- Vernunftargumente (»Das ist gesund, macht Kraft, macht schlechte Zähne …«) können Kinder zwar nachplappern, sie haben aber keinerlei Auswirkung auf ihre Vorlieben.
- Werbung und augenscheinlich hübsche Verpackungen senden ihren Reiz bis zur Zunge.
- Kinder lieben das Immergleiche. Die Vorliebe für Abwechslung kommt erst viel später.
- Kinder essen noch weniger regelmäßig, als wir manchmal denken (oder wollen). Ihr Appetit unterliegt wesentlich stärker als bei Erwachsenen Einflüssen wie Wachstum, Krankheiten, Ausgetobtsein, Stimmungen …

Alle diese Einflüsse musste meine Tochter erst »abtragen«, bevor sie zu einer ausgewogenen Ernährung fand (auf den Durchschnitt bezogen). Und das dauerte länger als zehn Tage. Im Süßigkeitenmonat Dezember schließlich beschloss ich, es noch einmal zu versuchen, da ich keine Lust auf ständiges Dezimieren hatte. Die Folge: Sie ernährte sich hauptsächlich von Nikoläusen und Dominosteinen (auf Butterbrot!). In Abwechslung dazu gab es Nutellabrot oder Käsebrot mit Marmelade. Abends Nudeln mit Käse, ab und zu ein Ei, eine Mandarine oder Schokomüsli mit Zucker. Ab dem Weihnachtsabend erwarb sie in ihrem neuen Kaufladen Marzipankartoffeln und Zuckererbsen, um das Ganze zu Kakao zu genießen. Aber: Nach vier Wochen fing sie mit Obsttagen an, fragte, ob ich nicht einmal Blumenkohlauflauf oder Bohnensuppe kochen könnte, und verlangte nicht einmal Kakao. Natürlich aß sie immer noch Schokolade und Nutellabrot – aber in Maßen. Ihre Essenszusammenstellung war aber relativ ausgewogen, mit einer Vorliebe für Süßes. Ich war begeistert.

So weit so gut – aber Tagesabläufe, eigene Essensgewohnheiten, die Aufgabe, die Bedürfnisse aller Familienmitglieder unter einen Hut zu bringen, Schlafbedürfnisse und anderes stehen immer noch im Weg. Schließlich muss Kochen organisiert werden. Und welche Mutter ist nicht schon in Verzweiflung ausgebrochen, wenn sie vor vollen Töpfen saß, weil ihre Lieben sich vorher anderweitig versorgt hatten.

Stillen nach Bedarf ist auch leichter gesagt als getan. Brustwarzen und müde Mütter verlangen nach Pausen, die mitunter nicht zu den Hungerphasen des Babys passen. Doch das sind keine Essensprobleme. Hier geht es nicht um die »Gesundheit« des Kindes, obwohl viele Mütter die mühevoll gekochte Mahlzeit gerne loswürden, weil angeblich einmal am Tag ein »warmes Essen« gesund sei. Manche sind wiederum der Meinung, drei Mahlzeiten pro Tag seien das Nonplusultra, andere sehen den Teufel in Weißbrot und Schokolade, weil diese dem Körper sofort und irreparabel lebensnotwendige Vitamine entzögen. Das stimmt so nicht. Wer eine gesunde Mischung findet, kann sich alles erlauben! (Zähne putzen nicht vergessen, auf Schadstoffe achten, siehe »Weiterführende Literatur«, S. 152.)

Die meisten »Essensprobleme« sind also eher Interessenskonflikte, oder es geht um Planung und das Maß an Kooperationsbereitschaft. Auch die Ansicht, wie das Kind essen sollte, ist eher eine Frage von Geduld und Sauberkeitswünschen oder betrifft das Abwägen zwischen dem Verständnis für die Formen sinnlichen Erlebens und der Achtung, die man Nahrungsmitteln gegenüber hat. Wie Sie hier entscheiden, liegt ausschließlich in Ihrem Ermessen. Sie brauchen dafür nicht die so schwer auf den Seelen lastende Verantwortung für die Gesundheit Ihrer Kinder zu befragen, sondern Sie entscheiden so, wie es zu Ihrer Familiensituation passt. Der Kampf ums Essen verliert damit seine existenzielle Dimension.

## Fantasie

Kleine Kinder leben noch sehr in einer Welt der Fantasie, deren Grenzen zu dem, was wir Erwachsenen die Wirklichkeit nennen, fließend sind. Geister, Feen und Zauberkräfte existieren, Kuscheltiere sind beseelte Wesen. Sie sind ein magisches Abbild der kindlichen Wirklichkeitswahrnehmung und ihrer Gefühlswelt. Das ist für uns Eltern eine Chance, etwas über die Befindlichkeit unserer Kinder zu erfahren. Wenn wir ihre Spiele beobachten, ihre Zeichnungen betrachten, ihren Ängsten zuhören, bekommen wir einen Einblick, der uns anders nicht gewährt wird. Kinder, vor allem im Vorschulalter, können uns zum Beispiel auch nicht sagen: »Du, Mama, es bedroht mich zurzeit sehr, wenn du irgendetwas an dir veränderst. Weißt du, ich bin selbst so beschäftigt, dauernd in alle möglichen Rollen zu schlüpfen, dass du unbedingt du bleiben musst. Wenn du dich auch noch veränderst, habe ich keinen Halt mehr. Du bist mein Bezug, meine Sicherheit in der vertrauten Welt. Bleib um Himmels willen genau so!« Etwas Ähnliches mag die zweijährige Lena empfunden haben, als sie die neue Frisur ihrer Mutter mit einem Kreischanfall belohnte. Oder: Seit meine Tochter mit drei Jahren Rollenspiele begann, tut sie das mit Ausdauer und Hingabe, aber wehe ich spiele – wenn ich mitspielen soll – eine andere Rolle als die Mutter. Da wehrt sie sich und hat sichtlich Angst. Dabei ist es egal, ob ich anbiete, das liebe Rotkäppchen zu sein oder der böse Wolf: Ich darf mich nicht verwandeln. Die Erklärung, »... ich spiele doch nur«, bringt nichts. Spiel und Wirklichkeit sind eins. Damit schaffen es die Kinder, ihren in jedem Fall *wirklichen* Gefühlen den Raum zu bieten, den sie zur Verarbeitung brauchen. Unsere Verstandesebene steht den Kindern ja noch nicht zur Verfügung. Deshalb helfen Argumente auf dieser Ebene auch rein gar nichts. Anders ist es, wenn Sie eine direkte, also für das Kind im Moment seiner Angst nachvollziehbare Erklärung haben und dem Kind zeigen können, was der Grund seiner Angst ist. Das ist aber kein Argument, sondern ein anschaulicher Beweis. (Zum Beispiel Vorhang und Schatten: Sie können den Vorhang bewegen, selbst Schatten machen.) Argumente verunsichern ein Kind höchstens, und es fühlt sich nicht ernst genommen. Wenn Ihr Kind Ihnen also Fantasiegeschichten erzählt, in der Nacht Angst vor Tieren hat, glaubt, es könne zaubern, oder einen unsichtbaren Freund hat, mit dem es spricht oder schimpft: Reden Sie ihm das nicht aus (es sei denn, es ist gefährlich). Lassen Sie sich auf sein Spiel ein. Wenn Ihnen das schwer fällt, fragen Sie Ihr Kind: »Ich kann die Monster nicht sehen. Das können wahrscheinlich nur Kinder. Sag mir doch mal, wie die aussehen … Was meinst du, wie können wir die vertreiben … Ich kenne da einen Monsterbanntrick, der mir als Kind geholfen hat …« Sie brauchen keine Angst zu haben, dass diese Fantasien unweigerlich der erste Schritt zu Lügen sind. Lügen sind Unwahrheiten, die bewusst eingesetzt werden (das können Kinder frühestens ab vier Jahren). Sie können Ihre Kinder dann auch auf dieser Ebene ansprechen und sagen: »Ich glaube, du bist nicht ehrlich. Sag mir doch bitte, wie es wirklich war.« Bedenken Sie: Auch Lügen haben ihre Ursache. Meist ist es Angst oder die – begründete – Annahme des Kindes, es bekomme kein Verständnis.

## Fremdeln

Das Fremdeln oder auch die 8-Monatsangst ist eine Entwicklungsphase, die angeblich fast alle Kinder im achten Monat durchmachen. Neueren Ergebnissen zufolge variieren das Alter des Kindes und der Umfang des Fremdelns jedoch erheblich. Manche mögen bereits ab dem fünften Monat eine Zeit lang nicht einmal mehr auf Omas Arm, manche fangen erst mit eineinhalb

Jahren an, ihrer Mama am Bein zu kleben. Bei einigen Kindern ist die Angst so groß, dass sie wochenlang sogar ihren Papa verschmähen. Bei vielen ist das Fremdeln so wenig ausgeprägt, dass fast nur von Zögern gesprochen werden kann. Andererseits kann man das nur sehr langsame Auftauen einer Zweijährigen in einer neuen Umgebung auch dem Fremdeln zurechnen.

**▶ WICHTIG**

Das Fremdeln ist ein Gefühlszustand, während dem dem Kind bewusst ist, dass es Vertrautes = Sicheres = Unbedrohliches gibt, aber auch Unvertrautes = Unsicheres = Bedrohliches. Fremdeln kann ein Kind in Bezug auf Personen oder die Umgebung. Es wird wählerisch, zieht zunächst Bekanntes vor, ist aber auch neugierig und bestrebt, Neues kennen zu lernen. Das tut es, indem es immer wieder Kontakt zur Mutter/Vertrautem sucht. Nur aus der Nähe kann sich die Fähigkeit, Distanz auszuhalten, entwickeln. Während der Fremdelphasen beginnt ein Kind auch zwischen »Gut« und »Böse« unterscheiden zu lernen.

Wenn die Bedürfnisse eines Babys und Kleinkindes nach Nähe größtenteils befriedigt wurden, hat ein Kind mit drei Jahren eine relativ stabile Selbstsicherheit entwickelt. Die meisten können dann Trennungen von vertrauten Personen über längere Zeit aushalten.

Wenn Ihr Kind fremdelt – gleich in welcher Form –, beachten Sie bitte Folgendes: Akzeptieren Sie die Distanzwünsche Ihres

Kindes. Selbst dann, wenn Omas enttäuscht sind, oder Fremde über Ihr Kind unfreundliche Bemerkungen machen. Das betrifft auch jede Form von Körperkontakt. Wenn Ihr Kind nicht angefasst/gestreichelt werden will, unterstützen Sie es unbedingt. Ihr Kind muss erleben, dass Sie ihm seine körperliche Unversehrtheit schützen helfen. Und Körperkontakt wider Willen ist eine Distanzlosigkeit, der die Missachtung der Persönlichkeit Ihres Kindes zugrunde liegt. (Das muss, wie bei erwartungsvollen Verwandten, keine böse Absicht sein, in der Auswirkung ist es aber so.)

Überlassen Sie Ihrem Kind das Tempo und die Art, wie es Kontakt herstellt. Vielleicht beobachtet es erst den Besuch, dann bringt es ihm Spielzeug, und nach einer Stunde will es auf den Schoß genommen werden. Vielleicht entscheidet es aber auch, überhaupt keinen Kontakt zu wollen. Wenn es Hilfe von Ihnen möchte, geben Sie sie. Haben Sie keine Angst davor, in dieser Zeit für immer die Sklavin Ihres Kindes zu werden. Ein selbstbewusstes Kind will schließlich auch selbstständig werden – aber aus dem Gefühl der Sicherheit heraus.

## Geschwisterstreit

»Es gibt Tage, da werde ich schier wahnsinnig. Eigentlich bin ich gut gelaunt aufgewacht, aber meine Kinder beschlossen für diesen Tag wohl, Kampfhähne zu spielen, und es gibt dann auch nur Streit. Meine gute Stimmung hält genau eine halbe Stunde, länger halte ich in diesem Gezeter und Geheule nicht durch. Ich kann sie nicht sich selbst überlassen, dazu sind sie zu klein, aber meine Versuche, die Streitereien zu schlichten, sind auch erfolglos.«

Weil der Kleine immer die Duplostadt verwüstet, immer das haben will, was die Große hat, nie das befolgt, was sie befiehlt und mittlerweile zurückhaut. Weil die Große den Kleinen nichts in Ruhe tun lässt, ihre Stärke auskostet, ihm vor seinen Augen auf seinen Mutterschoß klettert.

An solchen Tagen bleibt Ihnen nichts anderes übrig, als viel Raum um die beiden zu schaffen. Spazieren gehen, Spielfreunde besuchen oder einladen, eines der Kinder zur Oma bringen oder irgendeine einschneidende Veränderung in den Alltag bringen, um die beiden voneinander abzulenken.

Geschwister streiten und lieben sich in ungewisser Folge. Manche Geschwisterpaare streiten weniger, manche oft. Im Alter weit auseinander oder unterschiedlichen Geschlechts, manchmal bewirkt so eine naturgegebene Distanz Harmonie, manchmal ist das Gegenteil der Fall. Aber eines ist sicher: So nervtötend wie die Geschwisterstreitigkeiten oder -rivalitäten für Eltern sind, so wichtig sind sie für die Kinder. Vorausgesetzt, sie erfahren zur richtigen Zeit Unterstützung darin, wieder aus dem Streit herauszufinden. Kleine Kinder brauchen selbstverständlich mehr Anleitung als größere. Durch Streiten und Versöhnen lernen Kinder:

- sich durchzusetzen,
- andere Meinungen kennen zu lernen und zu tolerieren,
- sich selbst wichtig zu nehmen ohne andere unwichtig machen zu müssen,
- sich in andere hineinzuversetzen,
- Lösungen und Kompromisse zu finden.

Geschwister können das miteinander besonders gut, weil eine sichere Bindung vorhanden ist. Die Drohung »Du bist nicht mehr meine Freundin/ich mach nicht mehr in deiner Bande mit« wirkt bei Geschwistern nicht so stark.

Geschwister kämpfen immer auch um die Liebe und Zuwendung der Eltern. Da mögen Sie gerecht sein, wie Sie wollen und Ihre Kinder gleich viel lieben: Ihre Kinder werden das nicht verstehen und immer versuchen, den Löwenanteil an Liebe abzubekommen. Sie werden also immer auch Konkurrenz empfinden. Daneben gibt es Phasen, die von Wünschen nach Gleichheit geprägt sind – das gleiche Kleid kann einen konkurrenzfreien Raum schaffen und neben der Erholung vom Kampf um Rivalitäten auch Verbundenheit gegen die Eltern bedeuten.

Am schwierigsten ist es für die meisten Eltern, festzustellen, wann und wie sie in Streitigkeiten eingreifen sollen. Hier ein paar Anregungen, die Sie mit Ihren Erfahrungen anreichern sollten:

- Wenn Sie einen Streit nicht von Anfang an mitbekommen haben, fragen Sie jedes Kind, was es *nun* am liebsten hätte. Dann helfen Sie bei der Entscheidung. Lassen Sie sich nicht auf das Argument ein: »Der hat aber angefangen.«
- Vereinbaren Sie feste Regeln in Bezug auf körperliche Auseinandersetzungen (nicht beißen, nicht umstoßen, nicht ins Gesicht oder mit Gegenständen schlagen …) oder in Bezug auf den Umgang mit Eigentum (unbenutztes Spielzeug darf genommen werden, selbst wenn es der Schwester gehört, jeder hat Lieblingsspielzeuge, die nur er allein haben darf – fragen erlaubt …).
- Schaffen Sie Raum um die beiden Streitenden, lassen Sie ihnen Zeit, abzukühlen, und erzwingen Sie keine Entschuldigung.

- Greifen Sie erst ein, wenn Sie das Gefühl bekommen, die beiden schaffen es nicht allein oder dass einer deutlich unterlegen ist.

## Kindergarten

Die meisten Probleme mit dem Kindergarten sind Trennungsprobleme zwischen Müttern und Kindern. Sie sind sehr unterschiedlich in der Auswirkung. Es kommt auf das Temperament des Kindes an oder darauf, wie die Mutter auf das Verhalten des Kindes reagiert. Wenn Sie zu den Müttern gehören, deren Kind sichtlich leidet, bleibt mir an dieser Stelle nichts anderes übrig, als Ihnen zu empfehlen, mit den Erzieherinnen zu sprechen – zuerst einmal ohne Kind. Vielleicht ist es in Ihrem Fall nur wichtig, für den Abschied ein festes Ritual einzuführen, vielleicht hilft es, wenn Sie Ihr Kind früher wecken und mehr Zeit miteinander haben, bevor es in den Kindergarten geht. Es mag aber auch sein, dass Ihr Kind Ihre Trennungsängste, Ihr schlechtes Gewissen oder ähnliche Gefühle widerspiegelt. Denn auch für Mütter ist diese »Abnabelung« mit Unsicherheiten verbunden. Auch sie müssen anderen Bezugspersonen vertrauen lernen, offen für Einflüsse von außen sein, sich zeitweise vom Kind trennen …

Die Erzieherinnen können mit Ihrer Unterstützung mehr Einblick in Ihre individuelle Situation gewinnen und mit Ihnen besprechen, wie Sie weiter vorgehen könnten. Fassen Sie es deshalb bitte nicht als persönliches Versagen auf, wenn die Erzieherin auch Gründe in Erwägung zieht, die bei Ihnen liegen. Sie will Ihnen Ihre Ängste oder Bedenken nicht zum Vorwurf machen. Es geht nur darum, herauszufinden, was die Trennung so schwer macht und welche Möglichkeiten es gibt, sie zu erleichtern.

Dazu ist selbstverständlich eine einfühlsame Erzieherin nötig. Sie persönlich sollten auch die gesamte Atmosphäre im Kindergarten grundsätzlich positiv finden. Wenn Sie mehrere Kindergärten oder private Kinderläden in der Nähe haben, schauen Sie sich deshalb am besten alle an.

Wenn Sie keine Wahl haben, arbeiten gehen müssen und Ihnen der Kindergarten nicht gefällt, ist das eine schwierige Situation. Sprechen Sie aber selbst dann mit der Leiterin. Vielleicht klärt sich manches im Gespräch, und Sie bekommen Zutrauen, dass diese Situation auch ihre guten Seiten haben kann.

**▶ UNSER TIPP**

Fragen Sie, ob es einen »Schnuppertag« gibt oder ob Sie öfter mal mit Ihrem Kind vorbeischauen können. Fragen Sie alles, was Sie auf dem Herzen haben. Schauen Sie sich an, wie die Gruppen besetzt sind, wie groß sie sind, wie viel Platz und Zeit zum freien Spielen, aber auch zum Ausruhen da ist, nach welchem pädagogischen Konzept die Erzieherinnen arbeiten, ob auf Zusammenarbeit mit den Eltern Wert gelegt wird …

Die Kindergartenzeit bietet den Kleinen viel:

- andere Kinder kennen lernen,
- Gruppensituationen meistern lernen,
- eigene Erfahrungen machen können,
- andere Bezugspersonen,

- verschiedene Anregungen, Platz zum Toben,
- Vorbereitung auf die Schule. Das hierfür wichtigste Jahr ist das letzte Kindergartenjahr (5 Jahre).

Wie in jeder neuen Lebensphase, gibt es aber auch hier einige Hürden, die überwunden werden müssen:

- Es ist die erste Trennung, ohne lange Eingewöhnungszeit. Meistens dürfen die Mütter in der ersten Woche länger bleiben oder die Kinder früher holen, aber im Interesse der gesamten Gruppe gehen viele Kindergärten relativ schnell zu einem für alle verbindlichen Rhythmus über.
- Es sind viele neue Kinder und eine neue Umgebung auf einmal. Das macht die Situation unübersichtlich und kann Ängste wecken. Für viele Kinder ist die Lautstärke ungewohnt, oder die Rangeleien der älteren Kinder wirken bedrohlich (bei altersgemischten Gruppen).
- Das Kind muss eine andere Bezugsperson akzeptieren. Es ist für viele der Kleinen anfangs schwer, von sich aus zur Erzieherin zu gehen und um etwas zu bitten, sich trösten zu lassen oder Kritik nicht als Ablehnung aufzufassen.

Die fremden Tagesabläufe muss das Kind erst verinnerlichen. Es ist sehr anstrengend, alle Regeln zu lernen. Es ist nicht ungewöhnlich, wenn Kinder dazu ein halbes Jahr brauchen. Erst wenn sie souverän mit allen Regeln umgehen können, haben sie genug freie Energie, sich voll auf die Hauptsache einzulassen: mit Freunden zu spielen, zu streiten und sich zu versöhnen.

Und was können Sie tun, um Ihrem Kind den Eintritt in den Kindergarten zu erleichtern?

Eine gute Voraussetzung ist sicher, wenn Sie sich im Vorfeld schon mit Ihrem Kind auf den Kindergarten freuen können. Lassen Sie aber auch Ihre Ängste zu! Vielleicht malen Sie sich Situationen aus, in denen Ihrem Kind Unrecht getan wird, es aber allein ist und ihm auch später niemand hilft. Vielleicht graut es Ihnen vor einem bestimmten Typ Erzieherin. Oder Sie sind sich nicht sicher, ob Ihr Kind schon reif für den Kindergarten ist… Was es auch ist, sprechen Sie mit anderen Müttern darüber, lesen Sie ein Buch zum Thema, und zur Not können Sie Ihr Kind wieder aus dem Kindergarten herausnehmen und es ein Jahr später erneut versuchen. Nun die letzten Tipps:

- Bereiten Sie Ihr Kind gut vor: den Kindergarten zeigen, Bilderbücher anschauen, von der eigenen Kindergartenzeit erzählen… Beginnen Sie etwa ein halbes Jahr vorher damit.
- Drohen Sie nie damit, dass Ihr Kind bei einem bestimmten Verhalten nicht in den Kindergarten darf. (»Du musst aber jetzt allein essen, wenn du in den Kindergarten willst…«, »Wenn du immer andere Kinder haust, darfst du nicht in den Kindergarten…«) Das schafft Druck, keine Freude.
- Üben Sie die Trennung, falls das bisher noch nicht geschehen ist (Babysitter, allein zu einem Spielfreund, Miniclub ohne Mütter…).
- Kaufen Sie zusammen die Kindergartentasche, Hausschuhe etc. ein.
- Erzählen Sie Ihrem Kind vor jedem der ersten Tage, was Sie machen werden, wann/wie Sie sich verabschieden, wann Sie kommen, was dazwischen passiert, was Sie beide danach machen wollen.
- Vermeiden Sie ein Hin und Her beim Abschied. Entwickeln

Sie ein Ritual: zur Erzieherin auf den Arm, am Fenster winken, ein Kuss – ein Spruch – tschüss sagen und gehen …

- Lassen Sie Ihrem Kind Zeit, und setzen Sie es nicht unter Druck. Bis zu sechs Wochen Eingewöhnungszeit sind normal. Viele Kinder, so sagen die Erzieherinnen, brauchen das erste Jahr, um sich so richtig heimisch zu fühlen, eigene Kontakte gefestigt zu haben und sich souverän in »ihrer« Gruppe bewegen zu können.
- Erwarten Sie nicht zu viel von Ihrem Kind/vom Kindergarten. Es muss sich nicht zu einem Basteltalent entwickeln. Wo sonst findet ein Kind heute noch so viel Platz zum Toben und Spielen und so viele Kinder auf einmal? Rollenspiele, Rangeleien, nachgeben oder gewinnen sind für ein Kind zumindest die ersten zwei Kindergartenjahre viel wichtiger als Spielangebote von Erwachsenen.

## Klammern

Sven, 2, umklammert Mamas Bein neuerdings, wenn er zur Oma gebracht wird. Seit einem Jahr kennt er die Situation schon, und die Oma kennt er noch viel länger, aber er will seine Mutter nicht loslassen.

Silke, 1, bleibt fast von selbst an ihrer Mutter kleben, nachdem sie sie aus dem Autositz gehoben hat. Sie lässt sich noch nicht einmal in den Einkaufswagen setzen.

Marvin, 3, will plötzlich nirgends mehr allein zum Spielen bleiben. Selbst beim besten Freund nicht.

Jens, 3, will auch in der eigenen Wohnung mit seiner Mutter

im selben Zimmer bleiben. Geht er doch einmal in sein Zimmer, fragt er im 5-Minuten-Takt, was die Mutter gerade macht.

Das alles sind Formen von Klammern. Nahezu alle Mütter machen das eine Zeit lang mit. Doch wenn es anfängt, ihnen auf die Nerven zu gehen, versuchen sie, mit sanftem Druck oder auch ungehalten, das Klammeräffchen loszuwerden. Das ist der Startschuss für einen Teufelskreis: Das Kind klammert noch mehr, die Mutter will es umso mehr loswerden …

Wie alles, was Kinder tun, hat auch das Klammern eine Ursache. Bei Sven ist es das neue Baby: Seitdem er einmal länger bei Oma war, hat er einen Bruder. Früher hat Mama ihn zur Oma gebracht, weil sie einkaufen, zum Frisör oder zum Arzt wollte. Jetzt geht sie mit dem Baby weg. Das ist Sven nicht geheuer. Er muss nicht ausgesprochen ängstlich sein, aber unsicher ist er schon. Bei Silke hat die Mutter keinen speziellen Auslöser gefunden. Silke ist aber seit sie laufen kann allgemein anhänglicher. Es scheint, als ob die neue Unabhängigkeit sie verunsichert hat. Das Festklammern an der Mutter kann bei Silke zum Fremdeln gehören (siehe S. 94ff.). Auch das Fremdeln setzt dann ein, wenn die Kinder wahrnehmen, dass sie von der Mutter getrennte Wesen sind. Das erleben Kinder als bedrohlich und sichern sich folglich den Kontakt zur Mutter. Gerade nach Entwicklungsschritten wie dem Krabbeln oder Laufen lernen setzen solche Anhänglichkeits-Phasen ein. Gestehen Sie Ihrem Kind diese Phasen zu. Üben Sie mit ihm weggehen und wiederkommen, weg sein und da sein mit Fang- und Versteckspielen.

Bei Marvin erinnerte sich die Mutter, dass seine Zurückhaltung ein paar Wochen nach Beginn des Kindergartens einsetzte. Sie brachte es aber nicht in diesen Zusammenhang, weil der Kindergartenbesuch an sich nicht problematisch war und die »Reaktion« nicht direkt folgte, sondern erst ein paar Wochen danach. Das ist jedoch normal so – bei Kindern wie bei uns Erwachsenen. Erlebtes muss erst eine Weile wirken, bevor es sich festsetzt. Auch wenn Marvin den Kindergartenbesuch gut verkraftet, er scheint trotzdem anstrengend zu sein. Er ist nachmittags vielleicht erschöpfter und mag auch keine zusätzliche Trennung von der Mutter. Diese Phase wird wahrscheinlich einige Wochen dauern.

Bei Jens war erst kein Grund zu finden. Bis auf einmal seine Mutter sagte: »Ich weiß auch nicht, was er haben könnte. Aber es nervt. Da denkt man, man ist aus dem Gröbsten raus, hat endlich den ersehnten Kindergartenplatz und einen Job, auf den man sich freut … und dann das! Hoffentlich packt er das mit dem Kindergarten, ich weiß sonst nicht, was ich machen soll.« Jens hat gemerkt, wie die Mutter ihre Zeit – die Zeit ohne ihn – plant. Er hat gemerkt, dass er nicht nur in den Kindergarten darf, sondern auch soll, damit die Mutter Zeit für ihre Bedürfnisse hat. Das hat ihn geängstigt. Vor allem, weil er vorher das Zentrum ihres Lebens war. Vom Mittelpunkt zur Randfigur – so empfindet Jens die Pläne seiner Mutter vielleicht. Falls es Ihnen ähnlich geht:

- »Zeigen« Sie Ihrem Kind, dass Sie es verstehen (siehe aktives Zuhören unter »Eifersucht«, S. 85ff.).
- Erklären Sie Ihrem Kind, dass Sie sich zwar auf die Arbeit etc. freuen, aber auch darauf, zurückzukommen und es abzuholen. Und dass Sie sich darauf freuen, wie Sie sich beide erzählen können, was Sie jeweils gemacht haben.
- Stellen Sie Ihre neue Lebensphase nicht zu sehr in den Mittelpunkt. Kinder verstehen mehr, als sie zeigen, gewichten das Gehörte aber anders als Sie.

Alle Ihre Erklärungen müssen sich aber für Ihr Kind erst in Erfahrungen umsetzen. Bis dahin wird es immer wieder unsicher sein. Das muss es sein dürfen.

## Nicht hören wollen

Wenn die Ohren auf Durchzug stehen, kann dies folgende Gründe haben:

- Ihr Kind zeigt Ihnen, dass es sein Bedürfnis, etwas zu tun, sehr hoch schätzt. Es will unbedingt probieren, ob es an der Seite des Regals hochkommt. Auf Sie zu hören würde einen Konflikt bedeuten. Es will nur eins: das Regal hoch. Wenn Sie das nicht wollen, gehen Sie zu ihm (Körper- und Augenkontakt), wiederholen Sie Ihr Nein, oder bieten Sie ihm eine Alternative.
- Das Kind sieht keinen Sinn darin, auf Sie zu hören. Sie rufen es zum Beispiel oft, weil Sie nach Hause gehen wollen, bleiben dann aber doch noch auf ein Schwätzchen stehen. Oder Sie drohen Konsequenzen an, die Sie nicht durchhalten oder durchsetzen können (»Wenn du dich noch mal abschnallst, nehme ich dich nie mehr im Auto mit.«).
- Sie reglementieren Ihr Kind so stark, dass es gar nicht alles befolgen kann, wenn es auch noch seiner kindlichen Neugier und seinem Bedürfnis zu spielen und zu toben nachkommen will. Selbst wenn Sie den Eindruck haben, Sie würden gar nicht so viel Nein sagen oder sehr stark bestimmen, wie Ihr Kind etwas zu tun hat, es kann trotzdem zu viel für Ihr Kind sein.
- Es hört Sie wohl, möchte aber testen, wie ernst es Ihnen ist, wie Sie reagieren oder wann Sie sauer werden.

Überlegen Sie sich deshalb gut, was Sie Ihrem Kind verbieten. Soll es unbedingt seine Kleider so anziehen, wie Sie es wollen? Sagen Sie Ihrem Kind, welche Konsequenzen sein Verhalten hat. Und, einmal mehr: Handeln Sie so, wie Sie es angekündigt hatten. So lernt Ihr Kind, Sie ernst zu nehmen.

## Quengeln

Quengelnde Kinder wenden ihre Quengelei nur an, weil sie damit Erfolg hatten. Wir Eltern reagieren je nach Typ auf verschiedene Verhaltensweisen nachgiebig. Quengeln, Wutgeheul, jämmerliches Weinen, Bitten und Betteln: Der Katalog, wie man uns kriegen kann, ist dick. Kinder quengeln zum Beispiel:

- weil sie Aufmerksamkeit haben wollen,
- Ihr Nein nicht akzeptieren,
- durch übergangene Müdigkeit innerlich unruhig sind,
- weil sie wissen, dass sie dadurch bekommen, was sie wollen,
- weil sie keine andere Möglichkeit haben, ihre Bedürfnisse zu äußern oder andere Möglichkeiten nicht von den Eltern wahrgenommen werden.

Quengeln gehört zu den Verhaltensweisen, die die Eltern am meisten nerven. Sie wollen sich gerade unterhalten, telefonieren, ausruhen oder haben gesagt, dass nach der Biene Maja der Fernseher ausgeschaltet wird … ihr Kind ist da anderer Meinung.

Wie in dem Beispiel auf Seite 108 spielen sich fast alle Quengeleien ab. Dabei geraten die Mütter erst recht unter Druck – und geben ihn weiter –, wenn Dritte dabei sind (Gesprächspart-

**▶ BEISPIEL**

Ein Kind bemerkt, dass es nicht im Mittelpunkt steht. Die Mutter telefoniert. Es fängt an zu quengeln, die Mutter sagt, es soll aufhören, sie will in Ruhe telefonieren. Es quengelt weiter, ein bisschen lauter, die Mutter sagt, ebenfalls lauter, es soll aufhören. Es quengelt noch lauter und hängt ihr am Bein. Die Mutter wird nervös, mag das Gezappel nicht, mag es aber auch nicht hochnehmen: Das Kind weint, sie versteht kaum noch etwas, je mehr sie es loshaben möchte, umso mehr quengelt es. Psychoterror. Sie nimmt entnervt das Kind hoch, sagt, jetzt ist aber Schluss, das Kind hört aber nicht auf, weil die Mutter jetzt sauer ist. Sie stellt es wütend auf den Boden, telefonieren hat keinen Sinn mehr …, sie legt auf. Selbst wenn die Stimmung hin ist, das Kind hat, was es wollte: Aufmerksamkeit und eine Mutter, die nicht telefoniert. Gleichzeitig ist es auch unglücklich, weil das nicht die Art Aufmerksamkeit war, die es wollte.

ner …), weil noch eine Partei an ihnen »zerrt«. Sie wollen allen gerecht werden: sich selbst, dem Gesprächspartner und dem Kind. In solchen Situationen gibt die Mutter ihrem Kind vielleicht noch eher nach. Dabei ist es im Grunde egal, wann Sie das Kind hochnehmen oder wie sauer Sie dabei sind: Sobald Sie auf das Quengeln direkt reagieren, hat Ihr Kind Erfolg und wird das nächste Mal wieder quengeln. Je öfter Ihr Kind damit Erfolg hat, umso größer wird seine Ausdauer sein. Deshalb müssen auch Sie Ausdauer zeigen, wenn Sie schließlich einen Weg gefunden haben, wie Sie beide aus dieser Situation herauskommen können.

**Das können Sie tun**

- Überprüfen Sie das Ruhe-/Schlafbedürfnis Ihres Kindes. Braucht es doch noch einen Mittagsschlaf? Sollte es abends früher zu Bett? Selbst wenn es schwer ist, ein Kind früher ins Bett zu bringen als das ältere Geschwister: Ein paar Tage Konflikte um neue Schlafregeln lohnen sich, wenn dadurch das Quengeln aufhört.
- Überprüfen Sie: Wie konsequent sind Sie? Wenn Sie sagen: »Es dauert noch fünf Minuten …«, dauert es auch fünf Minuten? Wenn Sie sagen: »Ich kümmere mich gleich um dich …«, tun Sie das? Selbst wenn Ihr Kind in der Zwischenzeit angefangen hat zu spielen, können Sie ihm mitteilen, dass Sie jetzt frei sind. Wenn es intensiv spielt, wird es sich nicht ablenken lassen, wenn es nur »seine Zeit vertreibt«, bis Sie fertig sind, können Sie es für sein Warten loben und sich um es kümmern. So können Sie schon mit einjährigen Kindern umgehen (wenn die Zeitspanne entsprechend kurz ist). Viele Eltern von Quengelkindern kümmern sich zwar oft, aber wenig konzentriert um ihre Kinder. 10 oder 20 Minuten, die ganz dem Kind gehören, können hier viel weiterhelfen. Danach widmen Sie sich (ankündigen!) anderen Aufgaben, sagen aber bereits, dass in 20 Minuten oder nach dem Telefonat (Dauer je nach Alter) wieder Ihr Kind dran ist. So kann Ihr Kind seinen Platz besser wahrnehmen und muss sich nicht durch Quengeln dauernd darum bemühen, ihn zu sichern.
- Sagen Sie Ihrem Kind, dass Sie sein Quengeln nicht mögen. Unterbrechen Sie Ihr Gespräch kurz, wenden Sie sich Ihrem Kind zu (herunterbeugen, Augenkontakt, ruhige Stimme) und fragen Sie, was es möchte (wenn es noch nicht sprechen

kann, geht das durch aktives Zuhören, siehe unter »Eifersucht«, S. 87). Selbst wenn Sie nicht herausfinden, was es will: Sagen Sie ihm, dass Sie kurz zu Ende sprechen wollen und dann gleich Zeit haben. (Kurz muss kurz sein! Für Kinder bis drei Jahre sind das drei bis höchstens fünf Minuten!)

- Machen Sie sich keinen Druck wegen dritter Personen. Entschuldigen Sie sich für die Unterbrechung, klären Sie mit Ihrem Kind, was zu klären ist, und wenden Sie sich dann dem anderen wieder zu. Meist ist es ein Erwachsener, der Verständnis haben sollte. Aber auch wenn es sich um Ihr Baby dreht: Es wird das verkraften. Sie können nur eins nach dem anderen machen! Lassen Sie sich nach der kurzen Zuwendung zu Ihrem Kind mit keiner Reaktion auf das Quengeln ein. Wenn Sie wegen der Lautstärke zu schwitzen anfangen, atmen Sie tief durch, gehen Sie in einen anderen Raum, und denken Sie an die Quengel-Arien, denen Sie gerade im Begriff sind vorzubeugen.
- Überlegen Sie auch bei Verboten, ob Sie sie durchhalten können oder ein Kompromiss möglich ist (ist es meistens). Kündigen Sie Vorhaben an, und besprechen Sie eventuell den Verlauf (»Jiri, wenn wir gleich in den Zoo gehen, gibt es nur ein Eis oder einmal Karussell …«).

Sie brauchen kein schlechtes Gewissen zu haben, wenn Ihr Kind weint oder jammert. Es mag unzufrieden sein: Das kann es verkraften, und es darf seinen Unmut auch zeigen. Wenn Sie dafür sorgen, dass Sie gleich wieder Zeit für es haben, wird es merken, dass Sie es ernst nehmen und auch, dass Sie sich ernst nehmen.

Wenn Sie schon länger ein Quengelkind haben: Lassen Sie sich

Zeit zur Umgewöhnung. Ist Ihr Kind schon drei Jahre, können Sie ihm nach einem Quengelstreit etwa sagen: »Maren, ich werde immer ganz nervös bei diesem Jammerton. Ab heute will ich das nicht mehr. Wenn du etwas möchtest, sage das bitte ganz normal. Nur dann höre ich zu.« Beim nächsten Quengeln erinnern Sie Ihr Kind daran. Eine innere Sicherheit zu diesen Sätzen und eine veränderte Einstellung gegenüber Ihrem früheren Gefühl sind die besten Garantien, dass Sie es auch durchhalten. Es kann nämlich sein, dass Ihr Kind zunächst so verunsichert ist, dass es noch viel schlimmer jammert oder sogar verzweifelt schreit, wenn Sie nicht wie gewohnt reagieren. Bleiben Sie ruhig. Tragen Sie es in sein Zimmer. Wenn es kommt, zeigen Sie Verständnis für seinen Schmerz, trösten Sie es aber nicht mit Worten wie: »Es ist ja alles wieder gut.« Ist es nicht. Es ist alles anders. Sagen Sie eher: »Ich weiß, das ist jetzt fremd für dich. Für mich auch. Aber wir schaffen das. Magst du mir jetzt sagen, was du vorhin wolltest?«

(Siehe auch »Grenzen setzen«, S. 39ff., »Konsequenzen zeigen«, S. 44ff., und »Ichbotschaften«, S. 56ff.)

## Sauber werden

Wann Kinder trocken oder ganz sauber werden, hängt von individuellen Entwicklungsprozessen ab. Sie können kurz vor dem zweiten Geburtstag damit beginnen, aber auch erst mit drei Jahren anfangen. Für manche Kinder dauert die Phase des Trockenwerdens drei Monate, während das große Geschäft noch ein halbes Jahr länger in die Windel geht. Manche machen ihre Häufchen schon früh ins Töpfchen, brauchen aber noch ein Jahr lang eine Pipiwindel. Der Zeitpunkt des Beginns dieser Entwicklung und die Dauer der Entwicklungsphase sind also variabel – und noch dazu können sie unabhängig voneinander sein, was das »große« und das »kleine Geschäft« betrifft. Der richtige Zeitpunkt kündigt sich durch mehrere Zeichen an (drei sollten zutreffen):

- Der Abstand zwischen zwei Pipis beträgt etwa drei Stunden, der Stuhlgang hat sich auf ein- bis zweimal pro Tag reduziert und kommt in regelmäßigem Rhythmus.
- Ihr Kind spricht mehrere Worte hintereinander, und Sie können sich »unterhalten«. Ihr Kind kann die Begriffe vorher und nachher unterscheiden.
- Ihr Kind kann ein paar Minuten warten.
- Es mag die Windel nicht mehr, ahmt Sie oder ältere Geschwister nach, indem es sich aufs Töpfchen setzt.

Den größten Druck, den Eltern in Hinsicht auf das Sauberwerden haben, machen zwei Dinge aus:

- Das Kind muss bis zum dritten Geburtstag sauber sein, sonst darf es nicht in den Kindergarten.
- Das Wickeln eines großen Kindes ist insbesondere auf den Stuhlgang bezogen lästig und obendrein teuer. Manche Kinder kommen aus dem Wundwerden auch nicht mehr heraus. Die Eltern meinen: Es ist Zeit. Aber nicht immer können sie ihr Kind überzeugen.

Zum ersten Punkt: Auch wenn Ihr Kind bis zum Kindergarten nicht vollständig sauber ist, wird es genommen. Es gibt kaum Kinder, die es mit drei Jahren noch nicht schaffen, den Vormittag über trocken und sauber zu bleiben. (Organische Ausnahmen ausgeschlossen: Kinderärztin fragen.) Gegen Ausrutscher haben die Erzieherinnen nichts. Es macht gar nichts, wenn Ihr Kind nachts noch seine Windel braucht oder den morgendlichen Haufen hineinsetzt. Machen Sie Ihrem Kind keinen Druck: »Wenn du nicht auf die Toilette gehst, darfst du nicht in den Kindergarten.« (Drohung/Strafe!) Sagen Sie eher: »Im Kindergarten ist es anders als zu Hause. Da gibt es keine Windeln, sondern kleine Toiletten, extra für Kinder (zeigen!). Es wäre gut, wenn du bis dahin üben würdest, auf die Toilette zu gehen, damit du es dann vormittags kannst.«

Falls Ihr Kind sich immer noch schwer tut, besprechen Sie das – zunächst unter vier Augen – mit der Erzieherin. Sie wird es wahrscheinlich auf einen Versuch ankommen lassen. Das Sauberseln vormittags ist dann eine Sache zwischen der Erzieherin und Ihrem Kind. Halten Sie sich zurück, und lassen Sie die beiden machen: Es ist meist erfolgreich.

Zum zweiten Punkt: Finden Sie heraus, warum Ihr Kind noch nicht sauber sein kann oder möchte. Einige Gründe dafür sind: Eifersucht (Ich will so sein wie das Baby), Trennungsangst (Ich will nicht in den Kindergarten …), Angst vor der Toilette (Ich könnte hineingezogen werden …), es möchte sein »Produkt« (etwas, das ein Teil von ihm ist oder etwas, das es geschaffen hat) behalten (geht oft einher mit Verstopfung, kann nicht loslassen, Trennungsängste, hat Angst vor Kontrollverlust …), hat dabei nicht so seine Ruhe (wartende Mutter im Rücken), Sie haben den Zeitpunkt verpasst, an dem Ihr Kind seinen eigenen Impuls zum Sauberwerden gegeben hat. Nun ist es verunsichert. Erst schienen Sie zu wollen, dass es noch in die Windel macht, und nun soll es aufhören ... Vielleicht geht es jetzt darum, seine Fähigkeit zum Sauberwerden wieder zu wecken und die Gewohnheit, in die Windel zu machen, dadurch zu ersetzen.

Ich kann hier leider weder auf die Lösung jedes einzelnen Problems eingehen noch alle nennen. Nur so viel:

- Akzeptieren Sie erst einmal die Gründe Ihres Kindes. Es verweigert das Töpfchen nicht, um Sie zu ärgern. Es ist auch nicht dumm, unfähig oder zu langsam. Es ist, wie es ist.
- Kümmern Sie sich dann nur um die Gründe. Das heißt, Sie sprechen mit ihm über seine Eifersucht oder die Angst vor dem Kindergarten und nicht übers Sauberwerden. Denn wenn Sie die Ursachen angehen, braucht Ihnen Ihr Kind nichts mehr über das »Symptom« zu zeigen. Sie kennen ja jetzt seine wahre Not, und Ihr Kind wird deshalb das Sauberwerden leichter nehmen können.

## Schlafen

Schlafen ist in den letzten Jahren ein wichtiges Thema geworden. Vor allem zwei Gründe haben dazu geführt, dass weniger Babys im ersten Lebensjahr durchschlafen als früher: Der eine Grund ist, dass Eltern ihre Babys nicht mehr so lange schreien lassen wollen, bis sie einen den Eltern passenden Rhythmus haben. Der andere, dass die meisten sich mit der Ernährung nach dem Bedarf ihres Babys richten. Dazu kommt aber noch eine allgemeine Verunsicherung darüber, wie schnell das »Urvertrauen« eines Babys gefährdet werden kann. Muss/darf ich mein Baby im Elternbett schlafen lassen? Darf ich meinem Bedürfnis nach Schlaf auch nachgeben, oder gelten nur die Bedürfnisse des Babys? Heißt Stillen nach Bedarf, dass ich nachts jede zweite Stunde aufstehen muss? Ohne hier näher auf den Begriff des Urvertrauens eingehen zu wollen: Solche Fragen weisen auf Grenzprobleme hin. Es ist den Eltern nicht klar, nach welchen Kriterien sie im Falle eines Interessenkonfliktes entscheiden sollen. Manche Eltern würden zum Beispiel lieber ihr Bett wieder für sich haben, trauen sich aber nicht, das zu tun, weil das Kleine sich in den letzten Wochen darin offensichtlich sehr wohl gefühlt hat. Sie wollen es nicht um sein »Urvertrauen« bringen, merken aber, dass sie mit dem Baby im Bett selbst schlechter schlafen. Wenn der Wunsch nach der eigenen Matratze einmal hochkommt, meldet sich sofort das schlechte Gewissen und hält ihnen Vorträge über Eigensucht und darüber, dass sie ihr Kind ausgrenzen, es einsam, ohne Halt und Nähe seinem Bettchen überlassen ... So geht es hin und her – ohne Entscheidung. Meist sind die Augenringe und der Leidensdruck sehr groß, bevor der nächste Versuch gestartet wird, das Ehebett zu retten. »Das Baby ist dann ja größer, es wird sicher besser gehen«, denken die meisten Eltern. Weit gefehlt. Manchmal ist es sogar noch schwerer.

Dennoch gibt es Möglichkeiten, wie Sie die Ein-, Durch- oder

**▶ WICHTIG**

Es gibt keine Beweise dafür, dass ein eigenes Bettchen die Bildung des Urvertrauens von Babys negativ beeinflusst. Wenn Ihr Kind tagsüber und in den nächtlichen Wachzeiten viel Liebe, Zuwendung und körperliche Nähe bekommt, reicht das.

die ortsbedingten Schlafgewohnheiten ändern können. Aufgrund der sich häufenden Schlafstörungen schon bei Vorschulkindern und deren leichenblassen Eltern haben Kinderärzte und Psychologen zusammen mit Schlaflaboren Konzepte entwickelt, wie Sie Ihrem Kind allmählich ein anderes Schlafverhalten angewöhnen können.

Ein Baby wird auch nicht automatisch zum »verwöhnten Balg«, wenn Sie es in Ihrem Bett schlafen lassen. Hauptsache ist, Sie alle schlafen gut und ändern diese Regelung, wenn das nicht mehr der Fall ist.

- Entscheiden Sie in Sachen Schlafort und Bettzeiten, wie es zu Ihrer Familie passt. Wichtig für Babys und Kleinkinder ist jedoch eine gewisse Regelmäßigkeit.
- Allein einschlafen lernen: Das Prinzip geht auf eine amerikanische Methode (Checking-Up-Methode nach Prof. Ferber) zurück und soll dem Kind die Erfahrung vermitteln, einerseits beim Einschlafen allein zu sein, sich aber andererseits nicht verlassen zu fühlen, da in bestimmten Zeitabständen nach dem Kind gesehen wird. Nach dem Prinzip dieser Methode lassen sich aber auch andere Schlafgewohnheiten ändern (etwa wenn das Kind nachts nicht im Bett bleibt).

  Legen Sie Ihr Kind nach dem üblichen Ritual ins Bett, sagen Sie ihm, dass nun Schlafenszeit ist, Sie aber ab heute gleich aus dem Zimmer gehen werden. Sagen Sie ihm, dass Sie da sind und zum Beispiel im Wohnzimmer etwas lesen werden. Sie können auch erzählen, was Sie beide unternehmen werden, wenn das Kleine ausgeschlafen hat. Dann gehen Sie hinaus.

  Weint Ihr Kind, warten Sie 3 Minuten ab, bevor Sie wieder hineingehen. Beruhigen und streicheln Sie Ihr Kind, nehmen

Sie es aber nicht aus dem Bett. Bleiben Sie nur kurz im Zimmer. Weint Ihr Kind immer noch, warten Sie nun 5 Minuten, bevor Sie es beruhigen gehen. Danach – und falls es nötig ist auch die weiteren Male für den ersten Versuch – warten Sie 7 Minuten, bevor Sie es beruhigen. Für jedes Mal gilt: nicht aus dem Bett nehmen.

Beim zweiten Versuch beginnen Sie mit der 5-Minuten-Wartezeit, danach folgen 7 Minuten und danach je 9 Minuten.

Beim dritten Versuch fangen Sie mit 7 Minuten an, und danach folgen je 9. Falls Sie einen vierten Versuch oder mehr brauchen, gelten als Pause immer 9 Minuten.

Wenden Sie die Methode ohne Unterbrechung für den Abendschlaf und den Mittagsschlaf an. (Siehe »Weiterführende Literatur«, S. 152.)

Darüber hinaus möchte ich Ihnen die wichtigsten Informationen über den Babyschlaf geben. So klären sich vielleicht schon einige Fragen dazu, was man Babys zumuten darf oder kann. Außerdem gibt es einen Abschnitt darüber, wie Sie Ihr Baby unterstützen können, einen Rhythmus zu finden.

### Babys Schlaf

Der Babyschlaf besteht wie der von uns Erwachsenen aus zwei Phasen: dem Tiefschlaf und dem Traumschlaf (REM-Schlaf). Im Tiefschlaf kann uns kaum etwas wecken, Babys liegen ruhig und völlig entspannt da. Der aktive Traumschlaf ist flacher, wir bewegen uns und unsere Augen, manche reden, Babys machen Saugbewegungen … Babys haben jedoch doppelt so viel REM-Schlaf wie Erwachsene: Er macht die Hälfte ihres gesamten Schlafes aus. Außerdem beginnen Babys bis zum dritten Monat ihren Schlaf mit der REM-Phase. Das bedeutet, dass sie in der ersten Zeit nach dem Einschlafen leichter wieder aufwachen. Die Schlafphasen der Babys wechseln sich außerdem häufiger ab. Etwa 20 Minuten dauert die REM-Phase eines 6 Monate alten Babys, bevor es in den Tiefschlaf sinkt. Da Babys in der REM-Phase leicht aufwachen, ist auch ihr Nachtschlaf häufiger unterbrochen. Sie können aber gleich wieder einschlafen. Durchschlafprobleme entstehen, weil die Babys es gewohnt sind, sofort Beschäftigung zu haben oder die Umgebung, in der sie aufwachen, ganz anders ist, als die, in der sie eingeschlafen sind. Sie melden sich, weil sie den Duft des Elternbettes, Mamas Brust oder die gewohnte Schaukelbewegung vermissen. Das Allein-Einschlafen fällt ihnen immer schwerer. Sie können es sogar verlernen. Die von den Eltern lieb gemeinte Einschlafhilfe ist zur Einschlafbedingung geworden. Da die REM-Phase bei Babys sehr oft kommt, schlafen Babys auch »unruhiger«. Das muss Sie aber nicht beunruhigen, falls Sie mit Ihrem Baby in einem Zimmer schlafen. In dieser Phase verarbeitet das Kleine die Eindrücke des Tages, und sein Gehirn entwickelt sich. Dagegen bildet es im Tiefschlaf Wachstumshormone: Es wächst im Schlaf. Für Babys im Alter von 6 Monaten ist es normalerweise kein Problem, mindestens 6 Stunden durchzuschlafen. Das können selbst gestillte Kinder durchhalten.

### Rhythmus finden

Die meisten Säuglinge haben im dritten Monat ihren Tag- und Nachtrhythmus gefunden. Die Einschlaf- oder Aufwachzeiten pro Nacht ändern sich jedoch bis zum dritten Lebensjahr noch häufiger. Das liegt hauptsächlich am veränderten Schlafbedürfnis. Durchschnittlich 16½ Stunden Schlaf braucht ein Neugeborenes (Abweichungsbereich 12–20 Stunden), ein dreijähriges Kind kommt mit etwa 11 Stunden aus.

Und so können Sie die Rhythmusfindung unterstützen: Die Abendschlafenszeit soll sich vom Tag abheben. Machen Sie es deutlich dunkler. Die Lichtverhältnisse sind wichtig zur Herausbildung eines Tag-/Nachtgefühls. Reden Sie leiser, führen Sie ein dem Alter gemäßes, erkennbares Ritual ein (maximal 30 Minuten). Wenn Ihr Kind aufwacht, bleiben Sie mit ihm im Zimmer. Versuchen Sie, es nicht grundsätzlich an der Brust/mit der Flasche einschlafen zu lassen (Sie haben dann das »Bäuerchenproblem«. Das Kind wacht 20 Minuten später wieder auf, weil es aufstoßen muss, schläft aber wieder nur an der Brust ein und wird 20 Minuten später wieder wach …). Legen Sie es auch tagsüber zum Einschlafen allein hin, wenn Sie meinen, es sei müde. Dabei sind 5 bis 10 Minuten Müdigkeitsgemecker kein Problem (siehe »Schreien«, S. 120ff.).

Sie haben durch die häufigen REM-Phasen die Möglichkeit, Ihr Baby bei einem zu langen Nachmittagsschläfchen oder zum Mitternachtsstillen zu wecken. Weckversuche im Tiefschlaf sind dagegen erfolglos oder machen unleidliche Kinder. Falls Sie Ihr Kind zum Stillen wecken, wird es nach einer Tiefschlafphase auch nicht trinken wollen. Aber auch ein in der REM-Phase gewecktes Kind hat nicht gleich Hunger. Sie können es vor dem Stillen wickeln. Stillen Sie danach für den Anfang nur 2 Minuten, und versuchen Sie von Abend zu Abend um eine Minute zu verlängern. Genauso können Sie umgekehrt über ein paar Nächte eine Mahlzeit ausfallen lassen. Diese Weckaktionen (ob mit Stillen oder ohne) können Sie nutzen, wenn Sie mit dem Schlaf, der

Ihnen bleibt, nicht auskommen, und Sie müssen es sogar bei urlaubsbedingten Zeitverschiebungen oder bei der Zeitumstellung. Durch das Wecken zu einer bestimmten Zeit, die pro Tag um 30 bis 60 Minuten verschoben wird, können Sie beide Ihren Rhythmus ein wenig angleichen.

## Schreien

Das Schreien in all seinen Variationen und Abstufungen gehört zur Sprache der Babys. Sie drücken damit aus, dass es ihnen an etwas mangelt, dass sie Schmerzen haben, oder sie äußern Empfindungen wie Traurigsein, Angst oder Wut. Ob wir nun einen Grund für ihr Schreien finden oder nicht: Es gibt einen. Schreien ist nichts, was Babys »halt so machen«. Schreien kräftigt auch nicht die Lungen. (Die besten Perlentaucher stammen aus Ländern, in denen es nicht üblich ist, Babys schreien zu lassen.) Es ist aber auch kein solch immenser Stressfaktor für das Baby, dass er nicht wieder gutzumachende Schäden hervorruft, wenn es länger schreit. Auch Babys können Frustrationen ertragen und haben selbst bei der besten Mutter Gelegenheit, sich darin zu üben. Denn jede Mutter steht dann und wann vor dem Rätsel, was ihr Kind ihr sagen will, oder sie ist gerade mal im Keller und hört es nicht gleich.

Schreien ist auch nicht gleich Schreien. Ob Babys Hunger haben oder Bauchweh, ob sie müde sind oder überreizt: Die erste Schule, durch die die Mütter gehen, ist die, das Schreien ihrer Babys einordnen, verstehen und ertragen zu lernen. Denn auch wenn die Mutter »alles« versucht hat, schreien Babys manchmal weiter. Da gibt es eine winzige Kleinigkeit, an die die mittlerweile nervöse Mutter eben doch nicht gedacht hat, oder das Kleine ist von den vielen Beruhigungsangeboten überdreht ... Wenn es so ist, dass Ihnen nichts mehr einfällt, ist es am besten, Sie lassen sich nicht aus der Ruhe bringen. Das ist leicht gesagt. Folgendes kann Ihnen dabei helfen:

Machen Sie sich klar, dass Sie alles in Ihrer Kraft Stehende getan haben. Das Baby mag außer sich sein oder darüber verzweifelt, dass sein Bedürfnis nicht befriedigt wird: Immerhin ist es nicht allein! (Vielleicht binden Sie sich Ihr Baby an Bauch oder Rücken und machen Ihren Haushalt?) Suchen Sie mit einigem Abstand nochmals in Gedanken nach dem Grund. Beachten Sie »Kleinigkeiten« wie: Das Baby könnte auf der falschen Seite liegen, es ist ihm zu warm/kalt oder zu hell/dunkel oder auch zu still (!) ...

Bevor Ihre Verzweiflung oder Ihre Aggressionen zu groß werden, gehen Sie für drei Minuten aus dem Zimmer, atmen Sie durch, oder rufen Sie Ihre Freundin an. Manchmal kommt in dieser Auszeit sogar eine rettende Idee. Lassen Sie sich vertreten, besonders, wenn es sich um nächtliches Schreien handelt oder Sie noch ein älteres Kind haben. Auch wenn Ihr Partner früh zur Arbeit muss: Zumindest in besonderen Belastungssituationen sollte er Sie unterstützen. Schließlich müssen auch Sie tagsüber Ihre »Stellung« halten.

Ein persönlicher Tipp: Mir hat es geholfen, meine Ohren zuzustöpseln, wenn mir die Kleinen beim Herumtragen genau ins Ohr geschrien haben. Ich wurde durch diese schrillen Töne direkt auf meinem Trommelfell hochgradig nervös. Keine gute Eigenschaft, um einem schreienden Kind beizustehen. Die Stöpsel nahmen dem Schreien seine Spitzen, und ich konnte ruhiger bleiben.

Wenn Ihr Baby endlich ruhig ist oder schläft, gönnen Sie sich so oft es möglich ist auch eine Pause, in der Sie Kraft schöpfen, nicht verbrauchen. (Es ist meist mehr möglich, als Sie denken!)

Diese Tipps gehen zwar auch davon aus, das Baby nicht länger aktiv beruhigen zu wollen, unterscheiden sich aber von der Haltung, nach der man Babys schreien lassen soll. Die Babys werden nicht allein gelassen, und die Eltern haben vorher alles, was ihnen in den Sinn kam, versucht, um dem Kind zu helfen.

Es gibt aber eine Ausnahme, bei der selbst kleine Babys bis zu zehn Minuten meckern dürfen. Wohlgemerkt meckern. Damit meine ich die Zeitspanne von dem Punkt, an dem es seine Müdigkeit stört, bis zum Zeitpunkt, an dem es einschläft. Dieses Meckern ist kein verzweifeltes Schreien. Es kann auch erst einmal lauter werden, aber nach spätestens zehn Minuten sollte es zurückgehen. Hier darf das Kind auch allein im Stubenwagen liegen, denn es braucht seine Zeit, bis es eingeschlafen ist. Dieses Meckern ist auch nicht als Ruf nach der Mutter zu verstehen, sondern bezieht sich auf den unangenehmen Zustand vor dem Schlafen. Wenn Sie Ihrem Kind diese Zeit lassen, verlernt es nicht, allein einzuschlafen (im Bauch kann es das ja noch). Natürlich gibt es Ausnahmen. Auf einen mehrmaligen (!) Versuch sollten Sie es jedoch ankommen lassen.

## Sexualität

Sexualität ist ein Thema, das sich auch in Bezug auf den Umgang mit Kleinkindern anzusprechen lohnt. Nicht weil diese ein Problem damit hätten, sondern weil wir Erwachsenen nicht genau wissen, wie wir uns verhalten sollen. Wir haben viele Fragen zum Umgang mit Sexualität, weil unsere Eltern in dieser Hinsicht noch sehr verschlossen waren. Ich kann hier aber nur kurz die wichtigsten Fragen ansprechen.

### Wie freizügig sollte ich mein Kind gewähren lassen?

Wenn Ihr Kind Interesse an seinem oder anderen Körpern hat, ist das ein gutes Zeichen. Wie stark dieses Interesse ist, hängt vom Kind ab. Manche Jungs spielen an ihrem Penis, sobald die Windel herunter ist und warten noch nicht einmal ab, bis der Haufen weggeputzt ist. Hier können Sie natürlich einschreiten, ohne dass Sie seine Unbefangenheit gefährden (Spielzeug geben, ablenken, um Mithilfe bitten und die Cremedose halten lassen ...). Danach kann er spielen oder ziehen so viel er will. Mancher Mutter wird Angst und Bange, wenn sie sieht, in welche Länge ihr Junge seinen Penis ziehen kann. Das aber fällt in den Bereich seiner körperlichen Autonomie. Er wird merken, wenn es anfängt wehzutun, und selbstverständlich vorher aufhören. Genauso wenig Sorgen müssen Sie sich machen, wenn Mädchen ihre Vagina untersuchen. Meine Tochter hat sich dazu zurückgezogen. Aber als ich gemerkt habe, dass sie sich kleine Spielsachen hineinstecken wollte, habe ich erklärt, dass das gefährlich ist, und erst dann wieder mit dem Nachschauen aufgehört, als diese Phase vorbei war. Sie sollten auch betonen, dass zu Hause andere Dinge möglich sind als in Gesellschaft. So schützen Sie Ihr Kind vor Blicken und Bemerkungen, die seiner körperlichen Integrität schaden könnten.

**Was kann ich tun, wenn ich verklemmter bin, als ich das für mein Kind möchte?**

Sie müssen nicht offener sein, als Sie es sind. Wenn Sie nicht möchten, dass Ihr Dreijähriges Sie mit der Taschenlampe untersucht oder Ihren Penis anfasst, sagen Sie das. Unterscheiden Sie zwischen Ihrer Sexualität und Ihrem Körpergefühl einerseits und der Sexualität Ihres Kindes andererseits. Wenn Ihr Kind sich mit der Taschenlampe betrachten will: bitteschön. Versuchen Sie aber trotz eigener Scham auf Fragen des Kindes ehrliche Antworten zu geben. Das geht, selbst wenn Sie unsicher sind. Sagen Sie dann, dass Sie erst nachdenken müssen – so gewinnen Sie Zeit – oder auch, dass Sie jetzt darauf keine Antwort geben wollen. Versuchen Sie das später nachzuholen, wenn Ihr Kind noch einmal fragt.

**Ab wann sollte ich mein Kind aufklären?**

Es gibt keinen Zeitpunkt, zu dem man sein Kind beiseite nehmen sollte, um es aufzuklären. Kinder erfragen etappenweise, was sie interessiert. Hier gibt es eine Faustregel: Beantworten Sie die Fragen Ihres Kindes in einer seinem Alter angemessenen Weise. Immer nur direkt die Frage, die es stellt, nichts darüber hinaus. Fragt es weiter, beantworten Sie weiter. Hört es auf, hat es das, was es wissen will. Der Regel liegt die Annahme zu Grunde, dass Kinder nur so viel fragen, wie sie auch verarbeiten können. Das Kind bestimmt das Maß.

**Wie schlimm ist es, wenn unser Kind uns »erwischt«?**
Das kommt darauf an, wie verwirrend die Situation für Ihr Kind ist. Wenn es ein Gewühle unter der Bettdecke wahrnimmt, wird es nicht sehr verstört sein. Lassen Sie Ihr Kind zu sich, sagen Sie, Sie hätten gerade geschmust, schmusen Sie vielleicht zu dritt noch etwas weiter (natürlich fürs Kind passend!), und bringen Sie Ihr Kind ins Bett zurück, oder stehen Sie auf. Sieht Ihr Kind Sie in anderen Situationen oder hört es Stöhnen, kann das sehr bedrohlich auf es wirken. Verhalten Sie sich ähnlich wie oben beschrieben, und erklären Sie, dass Erwachsene manchmal wilder schmusen. Falls in der nächsten Zeit Fragen kommen, beantworten Sie diese. Überlegen Sie sich, ob Sie das nächste Mal nicht lieber die Türe abschließen.

## Trödeln

Kinder leben noch sehr im Hier und Jetzt. Sie haben verständlicherweise auch mehr Interesse an Steinchen und Zäunen, Stöcken und Hunden als Sie, die Sie losgegangen sind, um einzukaufen. Planen Sie bei Unternehmungen mit Kind deshalb diese »Trödelzeit« ein. Sie ist wichtig für Ihr Kind. Es erlebt gerade seine Umwelt und nimmt viele Informationen auf. Bei allzu langem Herumstehen versuchen Sie, sein Interesse auf noch kommende Dinge zu lenken.

Es gibt aber noch ein anderes Trödeln: eines, wodurch Ihr Kind Ihnen signalisiert, dass es nicht in den Kindergarten will, noch bei der Freundin bleiben möchte oder Ihre Aufmerksamkeit möchte, weil Sie die ganze Zeit mit anderem beschäftigt wa-

**BEISPIEL**

»Tamara, wenn du so lange brauchst, bis wir gehen können, muss ich das nächste Mal viel früher kommen. Ich muss pünktlich nach Hause, weil Tim seinen Brei braucht.«
Oder Sie verabreden mit der Mutter der Spielfreundin, dass sie Ihre Tochter eine halbe Stunde bevor Sie kommen das erste Mal ans Abholen erinnert und dann noch zweimal alle zehn Minuten (mit Zeitangaben). Sie sollten dann aber selbst nicht zu lange dort bleiben. Sagen Sie Ihrer Tochter, was Sie abgesprochen haben, und auch, welche Konsequenzen es hat, wenn es nicht klappt.

ren. Jetzt gilt es, die Gründe des Trödelns anzugehen. (Warum will es nicht in den Kindergarten? Wie können Sie Ihrem Kind mehr Aufmerksamkeit schenken?)

Wenn es sich nur um Interessenkonflikte handelt, gilt es Kompromisse zu finden und Konsequenzen zu zeigen.

Helfen Sie Ihrem Kind auch, die Zeit zu strukturieren. Starten Sie den Tag am besten gleich mit dem Anziehen. Das Kind kann sich dabei auf einen Kindergartentag einstellen. Dann verabreden Sie, wie viel Zeit zum Spielen bleibt, und achten darauf, dass die Auswahl der Spiele nicht zu zeitaufwendig ist. Betreuen Sie Ihr Kind bei den »Aufgaben«, die Sie verabredet haben. Wenn sich Ihr Dreijähriger selbst anziehen will, schauen Sie von Zeit zu Zeit, wie es klappt. Kinder lassen sich gern ablenken und wenn er plötzlich die Duplosteine entdeckt, ist der Pulli schnell vergessen.

## Trotz

Es wird Ihnen merkwürdig vorkommen, aber Sie und Ihr Kind sind nicht dazu verdammt, diese Schreckenszeit von Wutanfällen, Anziehstreiks und sonstigen Protesten zwei Jahre lang durchzumachen. Diese so genannte »Trotzphase« muss so nicht sein. Die heutigen Ansichten gehen zum Glück auch nicht mehr davon aus, dass in der Trotzphase der archaische Wille des Kindes die Oberhand zu gewinnen sucht. Nein, in der Zeit zwischen 1½ und 4 Jahren macht ein Kind nichts anderes, als zunehmend wie ein Mensch zu agieren, der im Begriff ist, sich seiner selbst bewusst zu werden. Dieses Selbstbewusstsein ist es ja auch, was wir Eltern fördern wollen – und zwar vor dem Hintergrund, dass wir schon unserem Baby die gleiche Würde zugestehen, wie sie bisher nur Erwachsenen zustand. Nun, in der Selbstbehauptungsphase, fordert der kleine Mensch durch sein Verhalten dazu auf, seine Bedürfnisse auch in der Praxis zu berücksichtigen. Kinder sind kompromissbereit. Sie müssen nicht grundsätzlich ihren Willen durchsetzen (Temperamentsunterschiede!) – auch nicht in der »Trotzphase«. Sie möchten aber ihre Bedürfnisse ernst genommen wissen, wie Sie, wie jeder Erwachsene, der sich seiner Würde bewusst ist, auch. Wenn man ihnen so begegnet, reduzieren sich die »Trotzanfälle« auf Situationen, in denen es keine Kompromisse gibt (auf die Straße laufen …) oder wir keine wollen und auf Situationen zwischen anderen und Ihrem Kind.

Dass diese »Selbstbehauptungsphase« im Durchschnitt dann beginnt, wenn der kleine Mensch anfängt, unabhängiger zu werden, ist kein Zufall. Das Kind erlebt zunehmend seine Fähigkeiten: sich allein fortzubewegen, allein zu essen oder sich etwas zu essen nehmen zu können, sich verständlich zu machen … Es wird sich auch bewusst, was es möchte und was nicht: im Supermarkt auf das reagieren, was eigens für Kinder angebracht wurde, statt in der Schlange zu warten, in seinem eigenen Tempo zu leben, statt schnell noch zur Post zu gehen … Nur wenn diese Bedürfnisse nicht beachtet werden, gibt es Trotzanfälle, setzen sich die Kinder zur Wehr. Sätze wie: »Du kannst jetzt nicht spielen, wir müssen zur Post«, kennen wir alle. Sie können Trotz herausfordern. Solche Sätze lassen keine Wahl, sie machen jemanden zum Mitläufer ohne eigene Handlungsmöglichkeiten. Auch der Zeitpunkt wurde von einem anderen gesetzt. Jeder kann natürlich einmal eine solche Rolle spielen, kann dem Bedürfnis eines anderen auf diese Weise nachgeben. Das zu ertragen gehört zu den Anforderungen an uns als soziale Wesen. Selbst Kleinkinder können das (lernen), aber nicht grundsätzlich und auch nicht öfter am Tag. Wenn das Kind auf einen solchen Satz noch nicht trotzt, sondern »nur« protestiert, dann aber zu hören bekommt: »Nun stell dich doch nicht so an. Du kannst ja nachher weiterspielen«, bekommt es die zweite »Abfuhr« in Folge: Sein Protest wird als unbegründet abgewertet und ebenso sein Spiel. Kleine Kinder können ihr Spielbedürfnis noch nicht verschieben. Vielleicht ist es ein geduldiges oder vom Temperament her ruhiges Kind, dem da gerade gesagt wurde, es solle sich nicht so anstellen. Vielleicht protestiert es auch jetzt nur schwach. Wenn es aber dann ans Anziehen geht und die Mutter ihr seinen Unwillen zeigendes Kind schnappt, um ihm die Jacke anzuziehen, wird auch ein ruhiges Kind vermutlich in Wutgeschrei ausbrechen. Jetzt trotzt es! Das weiß auch die Mutter. Aber zum Glück gibt es eine Erklärung: Es ist das Trotzalter! Wir denken, es muss ja so sein, da können wir halt nichts machen, da wird das Kind-Schnappen und Anziehen doch gerechtfertigt.

Wir können aber sehr wohl etwas tun: Wir können bei einem Interessenkonflikt Kompromisse aushandeln! »Du darfst deinen Bagger mitnehmen.« Oder wir können Situationen so ankündigen, dass auch unser Kind Interesse hat: »Komm Niko, wir werfen einen Brief ein. Du darfst ihn tragen …« Das ist nicht anstrengender, höchstens am Anfang, wenn wir noch nicht so geübt darin sind. Schließlich werden wir relativ gelassen unser Kind durch seine Selbstbehauptungsphase begleiten können.

Keinerlei Wutausbrüche mehr? Gibt es immer einen Kompromiss? Wenn ich die Kraft und Geduld nicht habe, um herumzuhandeln? Was also kann ich dann tun? Im Grunde nur eines: Ihrem Kind die folgenden Wutanfälle zugestehen. (Siehe auch »Wutanfälle«, »Grenzen setzen« und »Konsequenzen zeigen«, S. 44ff.)

## Verwöhnen

Befürchten Sie, Sie verwöhnen Ihr Kind? Verwöhnt zu werden ist doch etwas Schönes. Es ist etwas, das man sich selbst oder jemand anderem gibt, ohne dass es notwendig wäre; etwas, das Freude bereitet, weil es körperlich oder seelisch gut tut. Wenn Sie jemanden verwöhnen, geben Sie etwas, ohne Vorbedingung und Gegenleistung, und sind dabei selbst sehr zufrieden. Nichts, aber auch gar nichts kann daran schlimm sein.

Ja, schon, denken Sie jetzt wahrscheinlich, nur meinen Sie nicht das Verwöhnen. Sie meinen das andere, die Extra-Wünsche, weil der zweijährige Sprössling zum Beispiel alles Essen nur in Breiform zu sich nehmen will. Sie hören vielleicht die Vorwürfe der eigenen Mutter, die Ihnen sagt, Sie verwöhnten Ihr Baby, weil es in Ihrem Bett schläft oder Sie es nach seinem Rhythmus stillen. Oder Sie machen sich Sorgen darüber, dass Sie sich zu leicht breitschlagen lassen von den Bitten Ihres Kindes nach dem Schnuller, der Schokolade oder dem begehrten Spielzeug. Nur – das alles hat nichts mit Verwöhnen zu tun. Ihre Probleme mit solchen Situationen kommen daher, dass es Ihnen aus den unterschiedlichsten Gründen schwer fällt, entweder Ihrem Kind Grenzen zu setzen oder Ihre eigenen zu respektieren (siehe »Grenzen setzen«, S. 39ff.).

Um auf das Brei-Beispiel zurückzukommen: Wenn es Ihnen langsam zu viel wird, alles Essen in den Mixer zu tun, obwohl Sie sicher sind, dass Ihr Kind wunderbar beißen und kauen kann, und Sie trotzdem Ihr mühevoll bereitetes Mahl zu Brei zermanschen, verwöhnen Sie nicht etwa Ihr Kind. Sie missachten in diesem Fall Ihre eigenen Bedürfnisse. Vielleicht haben Sie den einen oder anderen Versuch schon hinter sich, Ihr Kind von fester Nahrung zu überzeugen – und es endete jedes Mal mit Geschrei.

Wenn Sie dagegen vielleicht sogar mit Freude beobachten, wie genüsslich Ihr Kind seinen Brei an den Gaumen drückt, können Sie schon eher von Verwöhnen sprechen. Sie leisten den Mehraufwand, weil Ihr Kind sich wohl fühlt und es Ihnen wirklich nichts ausmacht. Vielleicht aber Ihrer Mutter, die meint, Ihr Kind wäre langsam zu groß für solche Extra-Würstchen. Sie meint, Sie verwöhnten es … und Ihr schlechtes Gewissen setzt ein.

Meistens steckt dahinter die Sorge, man würde das Kind nicht mehr »in den Griff« kriegen und ein Wesen heranziehen, das pausenlos Sonderwünsche an einen heranträgt. Aber solche »grenzenlosen« Kinder sind keine verwöhnten, sondern welche mit Eltern, die sich unklar darüber sind, was sie selbst möchten und was sie von ihren Kindern erwarten können (siehe »Grenzen setzen«, S. 39ff.).

Wenn Sie Ihren Kindern besondere Dinge gestatten wie: sie zu tragen, im eigenen Bett schlafen lassen, lange stillen, auf Vorlieben Rücksicht nehmen, sie anzuziehen, selbst wenn sie es allein könnten, ist nichts dagegen zu sagen, wenn es:

- beide Parteien absolut in Ordnung finden und
- Sie sich vergewissern, dass Sie Ihrem Kind nicht zu wenig zutrauen.

Sie können diese Besonderheiten jederzeit ändern, wenn sich Ihr Bedürfnis ändert. Falls Ihr Kind protestieren sollte, ist dies zunächst kein Grund, von Ihrem Vorhaben abzulassen. Warum sollte es auch keinen Unmut zeigen? Schließlich kommt die Änderung von Ihnen! Versuchen Sie, einen Kompromiss zu finden.

## Warum-Fragen

»Schau mal, Felix, da oben fliegt ein Flugzeug.« – Rumm? – »Weil Leute in den Urlaub fliegen.« – Rumm? – »Sie möchten im Meer baden.« – Rumm? – »Weil das Spaß macht.« – Rumm? – »Weil es da große Wellen gibt.« – Rumm? – »Im Meer gibt es eben Wellen. Das macht der Wind und überhaupt.« – Rumm? – »Himmel, Kind, das verstehst du noch nicht!« – Rumm? – …

Um den zweiten Geburtstag herum fangen manche Kinder an, nach jedem Satz der Eltern »warum« zu fragen. Bis die Eltern nicht mehr weiterwissen. Da hilft nur eins: Fragen Sie zurück. Auf das Beispiel oben bezogen, könnten Sie nach der Antwort »Sie möchten im Meer baden« eine Gegenfrage anschließen: »Möchtest du auch mal (wieder) ans Meer in Urlaub fliegen?« Es hilft auch, Antworten mit »Damit« zu beginnen. »Warum regnet es?« – »Damit die Tiere draußen was zu trinken haben.«

## Wutanfälle

Je nach Temperament neigen Kinder bei Frustrationen mehr oder weniger zu Wutanfällen. Diese Frustration muss nicht unbedingt für Erwachsene erkennbar oder nachvollziehbar sein.

Trotz- oder Wutanfälle (ich setze beide in Bezug auf unsere Reaktionen darauf gleich, siehe auch »Trotz«, S. 127ff.) haben aber immer einen Grund. Vielleicht war die Verweigerung des

**▶ BEISPIEL**

Leo, der eben noch mit seinen Freunden gespielt hat, wirft sich plötzlich ohne ersichtlichen Grund vor Wut schreiend zu Boden. Seine Mutter vermutet, es könne sein, weil ihm ein begehrtes Spielzeug verweigert wurde. Sie kann es aber im Moment nicht klären. Leo schreit und ist nicht ansprechbar. »Leo ist doch sonst eher großzügig«, sagt die Mutter. »Es wird das Trotzalter sein.«

Spielzeugs nur der Tropfen, der das Fass zum Überlaufen brachte. Wichtig ist jetzt, dem Kind seine Wut zu lassen. Es ist ohnehin nicht ansprechbar. Schimpfen, beruhigende Worte oder gar die angeblich die »Vernunft zurückholende« Ohrfeige machen das Ganze höchstens schlimmer. Wenn ein Kind tobt, sind seine Wahrnehmungen sehr eingeschränkt. Selbst die Schmerzempfindlichkeit wird herabgesetzt. Es ist dann das Beste, wenn Sie nicht eingreifen und so lange ruhig in der Nähe bleiben, bis Ihr Kind sich ausgetobt hat. Achten Sie darauf, dass Ihr Kind durch Um-sich-Schlagen weder sich noch andere verletzen kann. Wenn Sie zu Hause sind, können Sie auch aus dem Zimmer gehen.

**Der Wutanfall findet in der Öffentlichkeit statt**

Das ist wirklich eine große Belastung für die Eltern, denn auch hier gilt: austoben lassen. Wenn nur die umstehenden Leute nicht wären, die Blicke, die Kommentare, der Rechtfertigungsdruck und die Angst vor der ungünstigen Meinung der anderen. Wenn es geht – tragen Sie Ihr Kind an einen weniger publikumsreichen Ort, und harren Sie aus. Ihr Kind fühlt sich auch nicht besser. Gönnen Sie sich etwas Gutes, wenn Sie es geschafft haben.

**Das Kind schlägt mit dem Kopf auf den Boden**

Da die Schmerzempfindlichkeit während eines Wutanfalls herabgesetzt ist, kann Ihr Kind nicht »kontrolliert« seinen Kopf aufschlagen, sondern sich wirklich verletzen. Ich kenne eine Mutter, die für solche Fälle immer ein festes Schaumstoffkissen parat hat, das sie ihrer Tochter unterschiebt. Wenn das nicht geht, müssen Sie Ihr Kind hochnehmen oder seinen Kopf festhalten. (Siehe auch »Wenn Sie nicht mehr weiterwissen«, S. 135ff.)

**Das Kind hält die Luft an**

Das mag lebensbedrohlich aussehen, ist es aber nicht. Ihr Kind hat zwar eine eingeschränkte Reaktionsfähigkeit, aber sein Körper wird dem Atemreflex gehorchen, wenn ihm die Luft tatsächlich zu knapp wird.

## Zähneputzen

Wenn Sie schon den ersten Zahn Ihres Babys mit einem Wattestäbchen putzen, können Sie sich den Gewohnheitseffekt zunutze machen. Grundsätzlich können nämlich auch die ersten Zähnchen von Karies befallen werden. Später ist das Zähneputzen für die Kinder dann Routine. Kämpfe gibt es höchstens, wenn Ihr Kind sich mit einem Jahr plötzlich schon allein die Zähne putzen möchte. Lassen Sie es ruhig, und putzen Sie ein wenig nach. Wenn Ihr Kind noch keine Zahnpasta mag, drängen Sie nicht darauf. Putzen Sie ohne Zahnpasta, aber ein bisschen gründlicher. Versuchen Sie es nach ein paar Monaten noch einmal. Wenn ein Kind das Zähneputzen absolut verweigert und keine Argumente helfen (Kinder verstehen die Möglichkeit einer Kariesbildung nicht, zumal sie in ferner Zukunft liegt), ist es das Beste, Sie lassen Ihrem Kind zunächst einmal seinen Willen und versuchen später herauszufinden, woran es liegen mag. Kitzelt das Putzen? Machen Sie ein Zähnekitzelspiel daraus. Dauert es zu lang? (Es müssen keine zwei Minuten für ein Kleinkind sein!) Singen Sie solange ein Zahnputzlied. Seien Sie konsequent – weihen Sie die Omas ein –, und geben Sie keine Süßigkeiten. Nach Süßigkeiten – auch Nusscremebrot – müssen die Zähne geputzt werden. Seien Sie Vorbild!

# *Wenn Sie nicht mehr weiterwissen*

# Festgefahrene Situationen

### *Cosima und Paul: zwei Beispiele*

»Eigentlich weiß ich gar nicht mehr, wie alles angefangen hat. Cosima war in der Fremdelzeit besonders anhänglich und akzeptierte das Mädel, das zum Babysitten kam, nicht mehr, als sie merkte, dass wir gehen, wenn das Mädel kommt. Es war eine einzige Schreierei und wenn wir doch gingen, kam bald der Anruf, wir sollten zurückkommen. Weder die Krabbelgruppe hat geklappt noch ein anderer Babysitter. Die einzigen Menschen, bei denen ich sie mal kurz lassen kann, sind meine Mutter und die Mutter von Cosimas Freundin. Vor zwei Wochen musste ich sie wieder aus dem Kindergarten nehmen, es war ein Theater, sag ich Ihnen … Mittlerweile bin ich wirklich verzweifelt. Ich – Verzeihung, wenn ich das so sage, aber es ist so –, ich hasse Cosima manchmal schon deswegen, sie kommt mir vor wie eine lästige Schmeißfliege. Und ich will sie dann natürlich loswerden, was alles nur noch schlimmer macht. Ich weiß, das ist ein Teufelskreis, und ich habe ein furchtbar schlechtes Gewissen. Ich mache mir auch viele Gedanken – wirklich –, ob ich sie vielleicht unbewusst ablehne oder ihr nicht genug gebe, ob ich zu viel von ihr verlange oder was ich sonst falsch gemacht habe. Vielleicht ist es nur ihr Wesen … aber wenn das so weitergeht, werde ich wahnsinnig. Zumal, weil ich schwanger bin. Was ist, wenn das andere Kind da ist? Ich habe auch schon Bücher gelesen, aber mittlerweile bin ich total durcheinander, es ist, als ob ich gar nichts mehr weiß!«

»Paul macht mich fertig. Er ist so was von dickköpfig. Wenn ich sage: ›Paul, nein, nicht auf den Tisch krabbeln, da steht eine

Kerze‹, krabbelt er erst recht drauf. Wo er etwas provozieren kann, tut er es. Und wo er trotzen kann, tut er es. Es ist, als ob er ständig irgendwo anstoßen muss. Dabei gebe ich ihm Aufmerksamkeit! Er war ein gewolltes Kind! Ich meine, ich verhalte mich wie die meisten anderen Mütter auch. Aber er reagiert anders als die meisten Kinder. Ich tobe auch mit ihm, und es stimmt, dass er danach etwas friedlicher ist. Aber ich kann doch nicht den ganzen Tag mit ihm toben! Die anderen Mütter fragen dauernd, ob ich dies oder das probiert hätte. Ich merke, die meinen auch, es muss an mir liegen. Aber ich sehe das langsam nicht mehr ein. Immer muss die Mutter an allem schuld sein! Paul ist halt ein Dickkopf, gut, dann bin ich jetzt auch einer. Ich kämpfe ab jetzt mit denselben Waffen. Mal sehen, ob es dann klappt. Wahrscheinlich war ich wegen der ganzen Du-musst-dein-Kind-verstehen-Sülze zu nachsichtig. Es gibt halt Kinder, die brauchen eine starke Hand.«

### *Loslassen*

Das sind zwei Beispiele von festgefahrenen Situationen. In abgeschwächter Form wird fast jede Mutter solche Situationen kennen. Ob es um das Sauberwerden geht, um die Weigerung zu kommen, wenn Mama gehen will, oder darum, dass das Kind nachts trotz aller Bitten und Zurücktrageaktionen immer wieder ins Elternbett kommt – die Versuche, etwas zu ändern, machen die Angelegenheit eher schlimmer als besser, und irgendwann steckt man fest. Viele reagieren dann mit den Worten: »Ich geb's auf.« Das ist ein Impuls in die richtige Richtung. Sie hören nämlich auf, sich immer weiter in diese Spirale hinein zu drehen. Aber: Ihre Einstellung ist negativ. Wenn Sie sagen, dass Sie aufgeben, hören Sie nämlich auch auf, daran zu glauben, dass es besser

**▶ UNSER TIPP**

Geben Sie nicht auf, sondern lassen Sie los. Das heißt, dass Sie zunächst die Situation akzeptieren. Sie haben festgestellt, dass Sie alles, was Sie im Moment vermochten, getan haben. Sie können im Moment also nichts mehr tun. Es ist so, wie es ist. Versuchen Sie, nicht enttäuscht oder wütend auf sich, Ihren Partner oder Ihr Kind zu sein. Versuchen Sie stattdessen, einmal neben sich zu treten und zu sagen: »Aha, so ist das also. Da ist offenbar ein Kind, das dauernd anstoßen will, und eine Mutter, die Harmonie möchte.« Oder: »Da ist offenbar ein Kind, das dauernd die Nähe zur Mutter sucht, und eine Mutter, die das Alleinsein auch sehr schätzt.«

sein könnte, oder Sie ignorieren mit der Zeit, dass Sie sich nicht wohl in dieser Situation fühlen.

Wenn Sie so gelassen sind, gelingt es Ihnen leichter, die beiden Interessen als gleichberechtigt anzuerkennen. So können Sie relativ entspannt Ihr schreiendes Kind beim genervten Babysitter lassen und sich im Kino amüsieren. Für kurze Zeit kann das deren Problem sein. Sie können Ihr schlechtes Gewissen auf Urlaub schicken. Statt angsterfüllt den Wohnungsschlüssel herumzudrehen, weil Sie vorwurfsvolle Babysitterblicke und tränenverschleierte Kinderaugen erwarten, können Sie den beiden mit Humor entgegnen: »Na, was bin ich froh, dass ich meine kleine Sirene wiederhabe. Drei Stunden ohne Kind auf dem Arm sind ja wirklich genug!« Andererseits können Sie Ihrem Dickkopf denselben besser lassen, seinem Willen verständnisvoll begegnen oder vielleicht *trotz* des Verständnisses ein klares Nein aussprechen. Diese Möglichkeiten haben Sie, wenn Sie loslassen. Wenn Sie die Verantwortung einmal »nur« für sich selbst übernehmen. Wenn Sie ergründen, was Sie möchten, und es sich nehmen. Nicht erkämpfen, nur nehmen, was Ihnen zusteht. Keine Verantwortung für die seelische Gesundheit Ihres Kindes, die Geborgenheit Ihres Partners oder das Bild, das Sie als Familie darstellen wollen.

Dies ist natürlich nicht die Lösung des Problems. Es ist eine Übergangssituation, eine, die zunächst die Verkrampfung lösen soll. Wenn das geschehen ist, kann viel Kreatives in Richtung Lösung passieren: Vielleicht ändert Ihr Kind schlagartig sein Verhalten, vielleicht aber auch nur langsam. Vielleicht gewinnen Sie neue Erkenntnisse über sich und ändern Ihr Verhalten, vielleicht fällt Ihnen auf einmal ein, seit wann dieser Teufelskreis besteht oder warum er existiert.

Falls Sie aber nur wenig mit diesen Vorschlägen anfangen können, weil Sie zu entnervt, erschöpft oder verunsichert sind oder meinen, Ihr Kind sei nicht in Ordnung, ist es besser, wenn Sie sich an eine Familienberatungsstelle wenden oder an einen (Kinder-) Arzt, der auch eine psychologische Ausbildung hat. (Siehe »Wohin Sie sich wenden können«, S. 147ff.)

# Besondere Verhaltensauffälligkeiten

Wenn nicht schwerwiegende Misshandlungen vorausgegangen sind, sind bei Babys oder Kleinkindern kaum Verhaltensstörungen auszumachen. Vieles, was Eltern oder die Umgebung stören mag, ist noch lange keine tatsächliche Verhaltensstörung beim Kind. Zwar gibt es phasenweise Verhaltensauffälligkeiten, doch erst, wenn diese sich dauerhaft zeigen, sprechen Ärzte und Psychologen von Störungen. Diese Verhaltensauffälligkeiten stehen also vor den Störungen und sind auch meistens der Auslöser, warum sich Eltern an ihren Arzt wenden. Um sie soll es deshalb in diesem Kapitel gehen.

### *Sind die Eltern schuld?*

Nun ist eine Verhaltensauffälligkeit nicht grundsätzlich ein Zeichen dafür, dass die psychosoziale, körperliche oder geistige Entwicklung eines Kindes gefährdet ist. (Im Rahmen dieses Buches bleibe ich bei den psychosozialen Verhaltensauffälligkeiten und ihren Ursachen.) Zwar fängt jede Erkrankung oder Fehlentwicklung mit Verhaltensauffälligkeiten an, aber die meisten Auffälligkeiten sind kein dauerhaftes Symptom, sondern weisen auf situationsbedingte Schwierigkeiten hin oder auf Entwicklungsphasen, die dem Kind zu schaffen machen. Trotzdem machen sich viele Eltern Gedanken darüber, ob ihr Kind noch normal ist, weil es in letzter Zeit so aggressiv ist oder sich im Gegenteil stark zurückzieht. Verhaltensauffälligkeiten sind in ihrer Tragweite eben schwer einzuschätzen. Sicher ist, dass Ihr Kind Ihnen sagt: Sieh her, mir geht es nicht gut, ich habe ein Problem. Im Rahmen seiner Möglichkeiten reagiert das Kind also auf eine es belastende Situation. Damit reagiert es und ist es normal. Nur wenn diese Botschaft dauerhaft missverstanden wird und dazu (!) noch andere Belastungsfaktoren (mangelnde Zuwendung, Schläge, Missachtung, viel Streit ...) kommen, wird ein Kind wahrscheinlich seelisch überlastet und damit krank. Wenn Sie sich also Gedanken über Ihr auffälliges Kind machen, reagieren Sie genau so, wie es sein soll. Denken Sie darüber nach, was Sie missverstanden haben, seit wann oder in welchen Situationen Ihr Kind besonders aggressiv ist, wie Sie bisher reagiert haben und warum, ob Sie sich persönlich durch das Verhalten Ihres Kindes gestört fühlen oder sich nur unwohl fühlen, weil es die anderen zu stören scheint, und anderes mehr.

Was Ihnen nichts nutzt sind Schuldgefühle. Weil ich versagt habe, ist Felix so wild. Weil ich arbeiten gehe, macht Sarah noch in die Windel. Weil ich allein erziehend bin, ist Mehmet so anhänglich. Natürlich liegen die Ursachen kindlicher Verhaltensauffälligkeiten im Zusammenspiel zwischen Eltern und Kind, und damit sind die Verhaltensweisen der Eltern sehr wichtig. Natürlich müssen wir unseren – großen – Teil der Verantwortung für unsere Kinder gerade dann übernehmen, wenn es Schwierigkeiten gibt. Natürlich heißt Verantwortung übernehmen auch Selbstkritik üben. Daneben hat aber auffälliges Verhalten auch noch andere Ursachen: Der Charakter des Kindes spielt eine Rolle, seine Umwelt und die jeweilige Entwicklungsphase, in der es sich befindet. Je nach Kind bereitet der eine oder andere Entwicklungsschritt eben Schwierigkeiten. Und manchmal fällt es eben uns Eltern sehr schwer, unser Kind angemessen dabei zu unterstützen. Manchmal wissen wir gar nicht, was wir machen könnten, und manchmal können wir auch wirklich nicht helfen, weil es in der Natur der Sache liegt, dass das Kind es allein lernen muss.

Schuldgefühle, um das noch einmal aufzunehmen, bringen Sie in Bezug auf Verhaltensauffälligkeiten Ihres Kindes also nicht weiter. Sie lähmen Sie höchstens, lenken Ihren Blick ausschließlich auf Ihre Fehler und missachten Ihre Stärken. Ich meine damit nicht, dass Sie bei einer Einsicht auf Ihre Fehler nicht mit Scham reagieren dürften. Wer kann das schon? Aber Schuldgefühle stecken tiefer, sie machen den ganzen Menschen klein, nicht nur seine Fehler. Und was hätte das für einen Sinn? Wie können Sie als im Ganzen erniedrigter Mensch noch konstruktiv in Richtung einer Lösung des Problems handeln? Dazu kommt die Scham über die Schuld, die schließlich auch noch verhindern könnte, dass Sie sich um Unterstützung bemühen.

Zusammenfassend möchte ich also noch einmal sagen:

- Verhaltensauffälligkeiten sind eine Art, wie das Kind seinen Eltern zeigen kann, dass es ein Problem hat.
- Aus der Art des Verhaltens kann man Rückschlüsse auf die Ursache ziehen. (Fragen stellen!)
- Im Verhalten der Eltern gegenüber ihren Kindern liegt oft eine Ursache für die kindlichen Verhaltensauffälligkeiten.
- Eltern dürfen Fehler machen.
- Schuldgefühle bringen nichts.

### *Welche Verhaltensauffälligkeiten gibt es?*

Man kann die meisten Verhaltensauffälligkeiten zwei großen Gruppen zuordnen:

- dem expressiven (= nach außen gerichteten) Verhalten wie: alle Formen von Aggression gegen andere (Wutanfälle, Schlagen, Zerstören …) oder sich selbst (die eigenen Haare ausreißen, den Kopf aufschlagen, trotz Schmerzempfinden weitermachen …)

- dem depressiven bzw. dem introvertierten (= nach innen gerichteten) Verhalten wie: extreme Zurückgezogenheit (reagiert kaum auf Ansprache – auch zu Hause –, lässt sich nicht anfassen, spielt nicht mit anderen …), soziale und andere Ängste, Essstörungen (extreme!), Stuhleinhalten … (Diese Beispiele beziehen sich alle auf seelische Ursachen.)

Oben hatte ich schon auf die Schwierigkeiten hingewiesen, Verhaltensauffälligkeiten in ihrer Tragweite einzuschätzen. Gerade im Kleinkindalter bis zu drei Jahren ist es noch sehr schwer, weil vieles entwicklungsbedingt unbedenklich ist. Deshalb werden die Ärzte und Psychologen vor allem bei der zweiten Gruppe erst einmal versuchen abzuwarten, also dem Kind Zeit zu geben, sich nach seinem Tempo zu entwickeln. Auch die expressiven Verhaltensauffälligkeiten werden oft erst im Kindergarten angesprochen, weil da das soziale Gefüge sehr dicht ist und Aggressionen eben mehr ins Gewicht fallen.

Falls ihr Kind eine dieser Verhaltensweisen zeigt, stellt sich für die Eltern oft die Frage danach, wie schlimm es eigentlich ist. Weicht das Verhalten sehr von der »Norm« ab, oder geht es noch? Kinderärzte können die Eltern meist beruhigen: Die subjektive Empfindung der Eltern ist kein Garant dafür, dass eine der Auffälligkeiten vorliegt, die behandlungsbedürftig sind, weil sie sonst in einer Störung enden. Ein klärendes Gespräch hilft hier den Eltern, die Ursache zu erkennen, und es zeigt Möglichkeiten, wie sie reagieren können. Trotzdem ist das subjektive Empfinden das

Einzige, wonach Eltern sich richten können und sollten, wenn sie einen Rat brauchen. Sie müssen nicht *vorher* klären, wie schlimm etwas ist, das ist die Aufgabe des Arztes oder des Psychologen.

### *Das hyperaktive Kind*

Oft bezeichnen Eltern ihre wilden Sprösslinge als hyperaktiv. Meist empfinden diese Eltern ihr Kind als zu aktiv, gemessen an ihrem eigenen Temperament. Das ist aber nicht die medizinische Definition von hyperaktiv. Hyperaktive Kinder sind Kinder, die am hyperkinetischen Syndrom leiden. Das ist eine Erkrankung, die sich in verschiedenen Symptomen äußert: Das Kind hat Schlafstörungen, kann sich nicht konzentrieren, schlägt unvermittelt zu, ist zappelig, unterliegt Stimmungswechseln ... das sind einige auffällige Verhaltensweisen, aber es gibt auch Symptome auf der körperlichen Ebene: trockene Haut, viel Durst, extreme Lust auf Süßes, brüchige Fingernägel, Blässe ... Das hyperkinetische Syndrom hat mannigfaltige Ursachen, das macht seine Therapie sehr schwer. Außerdem gleichen einige Symptome erziehungs- oder entwicklungsbedingten Verhaltensauffälligkeiten. Das macht es auch schwer, die richtige Diagnose zu stellen. Aber: Erfahrene Kinderärzte können aus der Gesamtheit der Symptome eine Diagnose treffen. Dem hyperkinetischen Syndrom liegen keine Erziehungsfehler zugrunde. Wenn Ihr Baby oder Kleinkind viele, extreme Verhaltensauffälligkeiten zeigt, wenden Sie sich für die Diagnose und Therapie an einen erfahrenen Arzt. (Siehe Adressen und Literaturhinweise.)

## Wut, Depression und Erschöpfung – Probleme von Müttern

»Manchmal erkenne ich mich selbst nicht mehr wieder. Ich kann mich daran erinnern, dass ich als kleines Mädchen öfter einmal vor Wut getobt habe und auch mit meinem Mann gab es schon wilde Auseinandersetzungen, aber nicht mit meinem Kind. Bis vor kurzem. Ich dachte, nie kannst du wütend sein auf dieses zarte Wesen, aber nun ist es doch passiert. Und nicht nur einmal. Als ob mit dem einen Mal die Wut für immer eingezogen wäre, bin ich zurzeit immer öfter genervt oder sauer oder wütend. Dabei finde ich das ganz schrecklich. Ich will nicht so sein. Aber je mehr ich es nicht will, umso stärker scheint es zu werden.«

Ob Wut oder Depressionen, Erschöpfung oder hektische Betriebsamkeit, viele von uns Frauen gestehen sich gerade noch als Single oder Partnerin alle möglichen Gefühle zu, als Mutter aber erwarten wir von uns, ein immer sanftmütiges, verständnisvolles, seine Affekte beherrschen könnendes, ausgeglichenes Wesen zu sein. Diese Beschreibung ist etwas übertrieben, aber sie trifft den Kern. Wir erwarten das aus vielerlei Gründen: Wir wollen andere nicht enttäuschen, wir wollen Anerkennung für unsere Erziehungsarbeit über unsere perfekten Kinder bekommen (Geld oder gesellschaftliche Anerkennung bekommen wir ja nicht oder wenig), wir finden das Bild einer wütenden Frau abstoßend … Die Liste lässt sich fortsetzen. Aber in erster Linie sind wir wir selbst mit allen Stärken und Schwächen. Wir sind auch widersprüchlich, unsicher, egoistisch, zornig, unwissend … Es hat gar keinen Sinn, uns und anderen vorzumachen, wir wären mit dem

Muttersein sozusagen geheiligt worden. Unseren Kindern hilft das auch nichts. Sie wollen eine wirkliche Mutter, und nur von einer solchen können sie sich mit allem was sie sind angenommen fühlen. Eine Frau und Mutter, die ihren Zorn unterdrückt, ist für sich selbst und ihr Kind genauso unvollständig wie eine, die keinen Zugang zu ihrer Liebesfähigkeit hat. Wie gesagt: unvollständig, nicht unvollkommen. Und das ist es, was wir uns und unseren Kindern geben können: Vollständigkeit. Das ist es auch, wozu dieses Buch mit seinen Tipps und Fragen hinführen möchte.

Wenn Sie nun dauerhaft das Gefühl haben, nur noch »ein halber Mensch« zu sein, liegt es nahe, dass Sie etwas von Ihrer Vollständigkeit eingebüßt haben. Trauen Sie diesem Gefühl, und machen Sie sich – ohne schlechtes Gewissen (!) – auf den Weg zu Ihren anderen Teilen. Wie auch immer Sie diesen Weg betreten wollen: Durch Bücher, Gespräche, Kurse oder konkreter durch Berufstätigkeit, Aufgabe des Berufes oder einen Ortswechsel, in diesem Fall gilt das Sprichwort: »Es führen viele Wege dem Guten zu. Die Wege sind da, aber gehen musst du.« Natürlich verweise ich hier wie an anderen Stellen auch auf die Möglichkeit, dass Sie sich von professionellen, neutralen Personen unterstützen lassen können. Sie müssen die ersten Schritte nicht allein gehen.

## Wohin Sie sich wenden können

Der Kinderarzt ist natürlich die erste Anlaufstelle. Aber viele Eltern fühlen sich schlecht beraten und durch Tipps wie »Gehen Sie mal öfter mit Ihrem Mann aus – Nehmen Sie das alles nicht so schwer – Sie brauchen mehr Vitamine …« wenig unterstützt. Sie sind zwar alle irgendwie richtig, verraten aber nicht, wie eine Mutter das bewerkstelligen soll, wie sie ihr schlechtes Gewissen loswird. Und oft können auch die Fragen nach der Ursache eines Problems nicht angemessen beantwortet werden. Das liegt hauptsächlich am Aufgabenbereich von KinderärztInnen. Akute Krankheiten, Vorsorge und die Betreuung der allgemeinen Entwicklung haben Vorrang, außerdem können lange Gespräche nicht angemessen abgerechnet werden. Auch die Ratgeberliteratur kann nur in einem bestimmten Rahmen weiterhelfen. Die ganz individuellen, familienspezifischen Bedingungen können nicht berücksichtigt werden, obwohl sie für Problemlösungen wichtig sind. Deshalb bleibt nur eine wirklich hilfreiche Adresse übrig: die Erziehungs- oder Familienberatungsstelle (Telefonbuch, Stichworte: Caritas, Ev. Regionalverband, Pro Familia, Beratung-…, Erziehungsberatungsstellen, Familien-…). Es gibt sie überall in Deutschland, sie werden von verschiedenen Trägern betrieben (konfessionelle, kommunale Vereine und Verbände).

Die Art der Arbeit und die Professionalität gleichen sich. Es werden Beratungen, Einzelgespräche und Therapien von Pädagogen, Psychotherapeuten und Psychologen angeboten. Die Leistungen sind kostenlos (Spenden werden gebraucht und gern genommen), unter anderem deshalb, weil die Familien einen

Rechtsanspruch auf diese Art der Unterstützung haben! Außerdem stehen die Berater unter Schweigepflicht.

Welches Angebot Sie brauchen, können Sie in einem Gespräch mit einem Berater klären. Vielleicht hilft Ihnen schon ein einzelnes Gespräch weiter. Meistens nehmen die Eltern (eher Mütter) eine zehnstündige Beratung in Anspruch. Wenn es gebraucht wird, kann auch eine mehrmonatige Therapie begonnen werden.

Aber es gibt einen Haken: Die Beratungsstellen sind überlaufen. Wenn Sie sich also entschlossen haben, eine Unterstützung in Anspruch zu nehmen, und anrufen, werden Sie oft erst Wochen später einen Termin bekommen! Das ist in brenzligen Situationen schlecht. Dann gibt es nur eines: Rufen Sie mehrere Stellen an, wenn diese zur Verfügung stehen, und wählen Sie die kürzeste Wartezeit.

In den letzten Jahren gibt es auch zunehmend die Möglichkeit, in Wochenendkursen zu Erziehungsfragen Austausch und Rat zu bekommen. Das ist nicht zu unterschätzen. Bleiben Sie mit Ihren Problemen nicht allein!

Des Weiteren gibt es eine neue psychotherapeutische Methode, die unter den Begriffen »systemische Familienaufstellung« oder »Familienaufstellung nach Bert Hellinger« bekannt ist. Auch hier gibt es die Möglichkeit, in Wochenendseminaren Lösungen für festgefahrene Situationen zu finden. Dies ist auch in den meisten Fällen erschwinglich, sie kosten zwischen 150 und 250 Euro. Achten Sie aber in jedem Fall darauf, dass Sie erfahrene Therapeuten nehmen, die Sie gegebenenfalls auch in Einzelarbeit weiter betreuen können. Führen Sie ein Informationsgespräch, und besuchen Sie einen Infoabend zu dieser Therapieform. Im Internet gibt es vielfältige Informationen dazu – auch kritische.

Mein Tipp ist: Machen Sie sich auf jeden Fall selbst ein Bild, indem Sie eine »Aufstellung« anschauen. Es ist eine sehr dynamische Arbeit, und sie kann sehr schnell hilfreich sein! Ich habe gute Erfahrungen damit gemacht.

## Was passiert in einer Beratung/Therapie?

Egal ob es eine Beratung oder Therapie ist, Sie bekommen Unterstützung darin, Ihre Probleme oder die Ihres Kindes zu erkennen, und entwickeln gemeinsam mit dem/der TherapeutIn Lösungen. Sie bekommen Unterstützung für die Umsetzung im Alltag und Rückmeldungen über Ihr Verhalten. Das Verhalten Ihres Kindes kann erklärt werden, und damit wird Verständnis geschaffen. Falls begleitende Therapieformen für Ihr Kind wichtig sind, werden sie erkannt, und Sie erhalten Kontaktadressen, falls das nicht am selben Ort möglich ist. Durch Ergotherapie könnte so beispielsweise die sensorische Integration (betrifft die Körperwahrnehmung, die Fein- und Grobmotorik ...) Ihres Kindes gefördert werden.

Selbstverständlich werden bei allen Beratungen oder Therapien Mutter/Eltern und Kind einbezogen. Die jeweiligen Persönlichkeiten sowie deren Zusammenwirken sind wichtig. Auch Ihre Vergangenheit und Ihre momentane Lebenssituation spielen eine Rolle und fließen in die Beratung mit ein. Im Großen und Ganzen ist alles möglich, was Sie selbst zulassen. Sie und Ihr Kind stehen im Mittelpunkt. Der/die BeraterIn ist ÜbersetzerIn, PfadfinderIn, ZuhörerIn, VermittlerIn und macht außerdem konkrete Vorschläge für den Alltag. Wenn Sie allerdings persönlich nicht mit einem Berater/einer Beraterin zurechtkommen, scheuen Sie sich nicht zu wechseln. Sympathie oder Neutralität sind wichtig für eine Vertrauensbasis.

# Anhang

# Weiterführende Literatur

An dieser Stelle möchte ich nur ein Buch nennen, das sicher immer wieder aufgelegt wird, weil es ein Klassiker der Erziehungsliteratur ist. Es behandelt grundsätzliche Fragen nach dem Erziehungsstil und der Kommunikation in der Familie. Das »aktive Zuhören« ist ein Schwerpunkt, wie man sich in Machtkämpfe verstrickt ein weiterer. Es gibt viele Beispiele, und Sie werden sicher das eine oder andere Aha-Erlebnis haben. Der zweite Band ist ebenso gut. Außerdem gibt es Kurse, die nach dieser Methode ausgerichtet und sehr hilfreich sind. Sie können manche Erziehungsberatung sparen … Erkundigen Sie sich beim Verlag des Autors oder im Internet.

Thomas Gordon, Familienkonferenz, Heyne
Thomas Gordon, Die Familienkonferenz in der Praxis, Heyne

# Nützliche Adressen

Homöopathie-Forum
Grubmühlerfeldstraße 14a, 82119 Gauting
Telefon: 089-89355765
Telefax: 089-89999610
E-Mail:: info@homoeopathie-forum.de
Internet: http://www.homoeopathie-forum.de

*Österreich*
Ärztegesellschaft für Klassische Homöopathie
Ingrid Rodinger
Kirchengasse 21, A-5020 Salzburg
Telefon: 0662-437841
E-Mail: office@aekh.at
Internet: http://www.aekh.at

*Homöopathie in der Schweiz*
Verband Klassischer Homöopathen
E-Mail: sekretariat@vkh.ch
Internet: http://www.vkh.ch

Verband allein erziehender Mütter und Väter e.V.
Hasenheide 70, 10967 Berlin
Telefon: 030-6959786
E-Mail: kontakt@vamv-bundesverband.de
Internet: http://www.vamv-bundesverband.de

Bundeskonferenz für Erziehungsberatung
Herrnstraße 53, 90763 Fürth
Telefon: 0911-977140, Telefax: 0911-745497
E-Mail: bke@bke.de
Internet: http://www.bke.de

Bundesverband Deutscher Psychologinnen und Psychologen
Verbandsvorstand und Bundesgeschäftsstelle Berlin
Glinkastraße 5, 10117 Berlin
Telefon: 030-20914961, Telefax: 030-20914966
E-Mail: info@bdp-verband.org

Bundesverband Neue Erziehung e.V.
Frau Bethy Reischke
Am Schützenhof 4, 53119 Bonn
Telefon: 0228-664055, Telefax: 0228-667793

Deutscher Kinderschutzbund Bundesverband e.V.
Bundesgeschäftsstelle
Hinüberstraße 8, 30175 Hannover
Telefon: 0511-304850, Telefax: 0511-3048549
E-Mail: info@dksb.de
Internet: http://www.dksb.de/

Bundesministerium für Familie, Frauen, Senioren und Jugend
11018 Berlin
Telefon: 01888-5550
Internet: http://www.bmfsfj.de

# Register

# Guter Rat für die ganze Familie

16536

16559

16509

16510

Mosaik bei GOLDMANN

Erhältlich überall dort, wo es Bücher gibt.